LIANGJUNWU

东吴名家 · 艺术家系列丛书

梁君午访谈录

刘 浏 著

《东吴名家》艺术家系列丛书
　主　编　田晓明
　副主编　马中红　陈　霖

丛书编委会(按姓氏笔画排序)
马中红　田晓明　杜志红　沈海牧　张建初
陈　一　陈　龙　陈　霖　徐维英　曾一果

学术支持
苏州大学东吴智库
苏州大学新媒介与青年文化研究中心

总序

留点念想

田晓明

在以"科学主义"为主要特征且势不可挡的"现代性"推进下,人类灵魂的宁静家园渐渐被时尚、功利和浮躁无情地取代了,其固有的韧性和厚度正日益剥落而变得娇弱浅薄,人们的归属感与幸福感也正逐步消失。在当今中国以"改善社会风气、提高公民素质、实现民族复兴"为主旋律的伟大征程中,"文化研究"、"文化建设"、"提升软实力"等极其自然地成为全社会关注的热门话题。作为一名学者,自然不应囿于自己的书斋而沉湎于个人的学术兴趣,应该为这一伟大的时代做点什么;作为一名现代大学管理者,则更应当拥有这样的使命意识与历史担当。

任何"以问题为导向"的研究总是不乏高度的历史价值、使命意识和时代意义,文化研究也不例外。应该说,我对文化问题的关注和兴趣缘起于自身经历的感悟和对本职工作的思考。近年来,我曾在日本、法国、德国、美国等发达国家进行学术交流或工作访问。尽管这些国家彼此之间存在着很大的文化差异,但其优良的国民总体素质却给我留下了深刻的印象。作为一名中国现代知识分子,我在惊诧之余,也就自然萌生出这样的问题:中华民族优秀传统为何在异国他乡能够得以充分彰显,却在本土当下鲜有表达?2013年5月,我应邀赴台湾地区参加了"2013高等教育国际高阶论坛",这也是我首次台湾之行。尽管此行只有短短一周,但宝岛却给我留下了深刻印象:在日常交往中,我不仅深切感受到中华民族的优秀传统在台湾地区被近乎完整地"保留"下来,而且从错落有致甚至有些凌乱的古老街景中"看到"了隐含于其背后的一种持守和一份尊重……于是,我又想起了本土:新中国成立之后,我们在剔除封建糟粕的同时,几乎"冷落"甚至放弃了很多优秀的文化传统;在全面汲取苏联"洋经"的同时,也几乎完全失去了我们的文化自主性。"文革"期间,中华民族更是经历了一场"浩劫",对优秀传统文化的破坏自不必多言。改革开放以降,随着国门的"打开",中华大地在演绎经济发展奇迹的同时,中华民族的优秀传统却没有得到同步保留或弘扬,甚至还出现了一些沦丧的现象。这便是海外之行给我留下的文化反思与心灵震撼!

带着这份反思和震撼,平日里喜欢琢磨的我便开始关注起"文化"及"文化研究"等问题了。从概念看,"文化"似乎是一个人人自明却又难以精准定义的名词。在纷繁的相关阐述中,不乏高屋建瓴的宏观描述,也有细致入微的小处说法。可谓仁者见仁,智者见智。这就决定了文化研究具有内容丰富性、方法多样性和评价复杂性等特征。黑格尔曾作过这样的比喻:文化好似洋葱头,皮就是肉,肉就是皮,如果将皮一层层剥掉,也就没有了肉。作为"人的生活样式"(梁漱溟语),文化总是有很多显形的"体",每一种"体"的形式下都负载着隐形的"魂"。我们观察和理解文化,不仅要见其有形之体,更要识其无形之魂。体载魂、魂附体,"魂体统一"便构成了生机勃勃的文化体系。古往今来,世界上各地区、各民族乃至各行各业都形成了自己的文化体系,每一文化体系都是它自己的"魂体统一"。遗憾的是,尽管人们在思想观念上越来越意识到文化的重要性,但在日常生活和社会实践中,"文化"概念却被泛化或滥用了,正如人们常说的那样:文化是个筐,什么都能装。

从文化研究现状来看,我认为存在两方面的问题:一是文化研究面临着"科学主义"、"工具理性"的挑战和挤压;二是文化研究多是空洞乏力的理论分析、概念思辨,而缺少务实、可行的实践探索。一方面,在"科学主义"泛滥、"工具理性"盛行的当今时代,被称为"硬科学"的科学技术已独占人类文化之鳌头,越来越受到人们的顶礼膜拜。相比之下,人文社会科学在人类文化中应有的地位正逐步或已经被边缘化了,其固有的功能正日益被消解或弱化。曾经拥有崇高地位的人文社会科学已风光不再,在喧嚣和浮躁之中,不可避免地陷入了"软"科学的无奈与尴尬。即便是充满理性色彩、拥有批判精神的大学已经意识到并开始重视人文社会科学的教育功能与文化功能,但在严酷的现实语境中,也不得不"违心"地按照所谓客观的、理性的科学技术范式来实施人文社会科学教育管理和研究评价。另一方面,由于文化研究成果多以"概念思辨"、"理论分析"等形式表达,缺少与现实的联系和对实践的指导,难免给人以"声嘶力竭"或"无病呻吟"之感受。从一定意义上讲,这种苍白、乏力的研究现状加剧了人们视文化为"软"科学的看法。这无疑造成了文化研究和文化建设的困境与尴尬。

从未"离开"过校门的我,此时自然更加关注身陷这一"困境"和"尴尬"漩涡中的大学。大学,不仅是知识传授、探索新知的重要场所,也是人类文化传承与发展的主要阵地。她不仅运用包括人文艺术、社会科学、自然科学等在内的人类文化知识进行有目的、有计划、有步骤的高级人才培养,而且还直接担当着发展、创造与创新人类文化的历史责任。学界一般认为,大学具有人才培养、科学研究和社会服务三大功能。应该说,这样的概括基本涵盖了大学教育的主要任务。但在学理上看似乎还有值得商榷的地方。一方面,从逻辑上看,这三项功能似乎不是同一层次的、并列的要素。因为无论是培养高素质人才,还是产出高质量科研成果,都是大学服务社会的主要方式或手段。如果将社会服务作为单一的大学功能,那么是否隐含着人才培养和科学研究就没有服务社会的导向呢?另一方面,从内涵上看,这三项功能的概括本身就具有"工具化"、"表面化"的特征,并没有概括大学功能的深层的、本质的内涵。那么,有人会问,大学的本质到底是什么呢?我认为,在归根结底的意义上,大学的本质就在于"文化"——在于文化的传承、文化的启蒙、文化的自觉、文化的自信、文化的创新。因为脱离了文化传承、文化启蒙、文化创新等大学的本质性功能,人才培养、科学研究和社会服务都会成为无源之水、无本之木,而大学的运行就容易被视作为简单传递知识和技能的工具化活动。从这一意义上说,大学文化建设在民族文化乃至人类文化传承、创新中拥有不可替代的重要地位甚至主要地位。换言之,传承、创新人类文化应该是大学的历史使命与责任担当。

如果说,大学的本质在于文化传承、文化启蒙、文化自觉、文化自信和文化创新,那么,大学管理者的主要职责之一便是对文化的"抢救"、"保护"和"挖掘";这是现代大学校长应具有的文化忧患意识和文化责任感。言及大学文化,现实中的人们总是习惯地联想起"校园文化",显然这是对大学本质的误解甚至曲解。"校园文化"与"文化校园",不是简单的文字变换游戏,个中其实蕴含着本质的差异。面对"文化"这一容易接受却又难以理解的概念,人们总是无法清晰明快地表达"文化是什么";那么,我们不妨转换一下视角,或可以相对轻松地回答"什么是文化"、"什么是没有文化"或"什么是文化缺失"等问题了。大学文化,在于她的课上和课下,在于她的历史与现实,她的一楼一宇、一草一木、一砖一瓦、一人一事……她可能是大学制度文化的表达,可能是大学精神文化的彰显,也可能是大学物质文化的呈现。具体而言,校徽、校旗、校训等标识的设计与使用是文化校园建设的体现,而创建大学博物馆、书画院、名人雕塑等,则无疑是大学文化名片的塑造。我曾主持大学博物馆的筹建工作,这一令我"痛并快乐"的工作,让我感慨万千!面对这一靓丽的大学文化名片,我似乎应该感到一种欣慰、自豪和骄傲!然而,在经历这一"痛并快乐"的过程之后,我却拥有了另一番感受:在大学博物馆所展示的一份份或一块块残缺不全的"历史碎片"面前,真正拥有高度文化自觉或自信的大学管理者,其内心深处所感到的其实并不是浅薄的欣慰和自豪,而是一种深深的遗憾、苦苦的焦虑和淡淡的无奈!我无意责怪或埋怨我们的前人,我们似乎也没有太多的时间和精力去责怪、埋怨,因为还有很多很多事情需要我们去落实、来实现,从而给后人多留下一点点念想,少留下同样的遗憾。

这不是故作矫情,也不是无病呻吟,只有亲身经历者,方能拥有如此宝贵的紧迫感!这种深怀忧虑的紧迫感,实在是源于更深的文化理解!确实,文化的功能不仅在于"守望",更在于"引领",这种引领既是对传统精华的执着坚守、对现实不足的无情批判,也是对美好未来的理想而又不失理性的憧憬。换言之,文化的引领功能不仅意味着对精神家园的守望,也意味着对现实存在的超越。尽管本人并没有宏阔博大的思想境界,济世经国的理想抱负,腾天潜渊的百炼雄才,但在内心深处,我却始终拥有一种朴实而执着的想法:人生在世,"必须做点什么"、"必须做成点什么";如是,方能"仰俯无愧天地,环顾不负亲友"。然而,正所谓"前途是光明的,道路是曲折的",对于任何富有价值和意义的事情而言,"想法"变成"现实"的过程从来都不可能一帆风顺。在当下社会,"文化校园建设"则更是"自找苦吃"!

人生有趣的是,这一路走来,总有一些"臭味相投"的"自找苦吃"者,与你同行!一年前,我兼任艺术学院院长。在一次闲聊中,我不经意间流露出这一久埋心底的想法,便随即获得了马中红、陈霖两位教授及其团队成员的积极响应。于是,《东吴名家》(百人系列)的宏远写作计划便诞生了!

也许是闲聊场景的诱发,如此宏远计划的启动便从艺术学院"起步"了!其实,选定艺术学院作为起始,我内心深处还有两点考量:一是"万事开头难",既然事情缘起于我的主张和倡议,"从我做起"似乎也就成了一种自然选择,事实上,我愿意也必须做一次"难人";二是我强烈地感到时不我待,希望各个学院能够积极、主动地加入"抢救"、"保护"和"挖掘"文化的行列!尽管从本质上讲这是一种历史责任,但在纷繁的现实面前,这项工作似乎更接近于一种"义务"或"兴趣",因此,我不能有更多的硬性要求。于是,我想,作为艺术学院院长,我可以选择"从我做起",其示范和引领作用可能比苍白的语言或"行政命令"更为有力、更富成效。

当然,最终选择艺术学院作为《东吴名家》开端的根本想法,还是来自我们团队对"艺术"发自内心的热爱！因为,在我们古老的汉字中,"藝"字包含了亲近土地、培育植物、腾云而出的意思。这也昭示了艺术的本性:艺术来源于生活,但必须超越生活。或许也正因为艺术这样的本性,人们对艺术的反应可能有两种偏离的情形:艺术距我们如此之近,以致习焉不察;艺术离我们如此之远,以致望尘莫及。此时,听一听艺术家们的故事,或许会对艺术本身能够拥有更多、更深的理解。

英国艺术史家贡布里希在其《艺术的故事》开篇中有云:"实际上没有艺术这种东西,只有艺术家而已。"在各种艺术作品的背后,站立着她们的创造者,面对或欣赏这些艺术作品,实际上就是倾听创造她的艺术家,并与艺术家展开对话。这样的倾听与对话超越时空,激发想象,造就了艺术的不朽与神奇。也正是这种不朽与神奇,催生了《东吴名家》的艺术家系列。

最先"接近"的五位艺术家大家都不陌生:梁君午先生,早年在西班牙皇家马德里艺术学院学习深造,深得西方绘画艺术的精髓,融汇古老中国的艺术真谛,是享誉世界的油画大师;杨明义先生,浸淫于江南文化传统,将西方透视和景别融进水墨尺幅,开创出水墨江南的新绘画空间;张朋川先生,怀抱画家的梦想,走出跨界之路,在美术考古工作和中国艺术史研究中开辟了新的天地,填补了多项空白;华人德先生,道法自然,守望传统,无论是书法艺术,还是书学研究,都臻于至境;杭鸣时先生,被誉为"当今粉画巨子",以不懈的努力提升了粉画的艺术价值。五位大师的成就举世瞩目,他们的艺术都有着将中国带入世界、将世界融入中国的恢宏气度和博大格局。

五位艺术家因缘际会先后来到已逾百年的东吴学府,各自不同的艺术道路在苏州大学有了交集和交融,这是我们莫大的荣幸。他们带来的是各自艺术创作的历练与理念,艺术人生的传奇与感悟,艺术教育的热情与经验,所有这些无疑是我们应该无比珍惜的宝藏,在这个意义上,"艺术家系列"的写作与制作也可谓一次艺术的"收藏"行动。

"收藏"行动将继续进行,随着"同行者"的不断加盟,《东吴名家》(百人系列)将在不远的将来"梦想成真"！为了这一美好梦想,为了我们的历史担当,也为了给后人多留点念想、少留点遗憾,让我们携起手来……

梁君午，既有东方的含蓄内敛，又有西方的率真直接。在诺贝尔文学奖得主西班牙作家卡米洛·何西·塞拉看来，君午先生画如其人："梁君午用濡染着光和影的鸟的羽毛素描、绘画、思考，用他东方的原乡最柔和纤细也是最坚定的色调作画，如此奥秘，如此深沉"。左上是去西班牙留学临行前与蒋经国先生的合影。右上是在柏拉图博物馆，与戈雅雕像的合影。左下为为西班牙国王璜·卡洛斯一世画画像。右下为在西班牙圣法南度艺术学院学习时的照片。

在西班牙圣·法南度艺术学院学习的照片。

梁君午和妻子欧阳湘带着画作觐见西班牙国王璜·卡洛斯一世。

梁君午油画作品《观》,画中模特是其妻子欧阳湘,梁君午属马,画中白马喻指自己。

梁君午的生活照。

目 录

001　总序
　　　留点念想

特稿

003　大美如斯

专访

025　从未想过当画家
026　兴趣与现实
029　"蒙娜丽莎"的误会
032　一席恳谈成就一段传奇
038　赴西班牙学画

041　绘画,原来是这样
044　初到西班牙,一下子颠覆想象
050　欧洲打工记
055　人生第一课
061　最高成绩毕业
063　西班牙艺术教会我

071　被绘画牵引着的离别与归来

072　第一次个展

077　回到中国台湾地区

079　再赴西班牙

085　踏上职业画家之路

092　画家与画

095　带着艺术环游世界

096　中南美之行

105　带着作品看世界

114　享誉西班牙

120　朋友,卡米洛 · 何塞 · 塞拉

126　自成一派的绘画观

127　画画在一张一弛间

129　所谓底色

131　所谓题材

138　关于色彩和布局

143　绘画的意义

146　上海画室

158　音乐是原动力

160 再次离开西班牙
161 投身艺术教育
167 艺术与生活

他人看他

177 张淑英:他亲和可近,画人合一
182 曾丽芬:似父女般羁绊的爱
187 马启明:唯一的第一
196 史文:是良师,也是益友
206 欧阳湘:人生是不可规划的

附录

225 无尽的绚烂(纪录片脚本)
231 梁君午年表

236 **参考文献**

237 **后记**

特稿

大美如斯

乳白色套头羊毛衫,紫罗兰色围巾挂脖,两端自然垂在胸前,合身的深色休闲裤,一双连左右脚折纹都几近一致的黑色皮鞋。2014年3月16日,在苏州大学艺术学院604-4206教室外的走廊上,我第一次见到了享誉国际画坛的艺术大师梁君午先生。眼前的这位长者衣着优雅、举止得宜,有着令人如沐春风的微笑。西方的绅士风度与东方的儒雅气质,在他身上融合得恰到好处,第一眼,我便再找不到比"温润如玉"更好的词来形容他了。

梁君午先生是受苏州大学之邀,在艺术学院进行为期一个月的讲学,指导学生进行油画创作。于是,我们有了一段难忘的时光:对梁君午先生进行采访,谛听到他的艺术人生,观赏他的绘画杰作,体验他的日常生活。一个"拥有而不炫耀,风趣而不轻佻,一腔热血却又如此随性"的艺术大师形象慢慢地清晰起来。

命运的眷顾

1942年端午节,梁家独子出生于四川成都,成都陆军军官学校第十六期学生并任中尉队长的父亲为其取名君午。从有记忆开始,梁君午就对绘画、色彩很感兴趣,没事儿就喜欢一个人坐着静静地画画。也许就是在那个时候,沉静的性格慢慢形成。青春期时,他也不像同龄人那般叛逆。在台湾地区最好的中学读书,他就是大人们口中那个什么都好的"别人家的孩子"。选择大学专业,也是随当时社会趋势学习了理工科。在老师眼里,他是品学兼优的好学生;在父母眼里,他是听话乖巧、不用多操心的好儿子。要不是蒋经国先生的一通电话,或许梁君午还会继续从事收入颇丰的工程师工作。

所有成功人士的故事里，都会有个"伯乐"，梁君午的"伯乐"就是蒋经国。但是，在得知蒋经国先生找寻自己两年之久，只为推荐其出去学习绘画的最初时刻，梁君午并没有欣喜地一口答应。他考虑更多的是身为家中独子，要承担赡养父母的责任，以及留学会给家庭带来的负担。也许正是他坦诚的个性打动了蒋经国，梁君午经过多次被召见后，他的父亲也被邀请同去。梁君午心中的顾虑逐渐消除，蒋经国先生给了他"特别"奖学金①，让他最终决定赴西班牙学艺。

　　在他身上，的确有许多旁人羡慕不已的好运。他对《蒙娜丽莎》的临摹画作出人意料地被挂在了肯特勒将军府邸的客厅；蒋经国偶尔见到这幅临摹之作却难以忘怀，开始了对这位军中才子的寻找；到了西班牙，他又遇到了皇家艺术学院的首席讲座教授彼得罗·莫索斯(Pedro Mozos)，并跟其学画；走进画廊看画，却得到了开办人生的第一个个展的机会……梁君午的太太也以"幸运"来形容梁君午一路走来的历程，在她的印象里"真的很苦很苦的那种经历是没有的"——念书时候有奖学金，还没毕业画作就被画廊经营，卖得不错，很快他的事业就起步了，接着结婚、生子，生活也安定舒适。

　　这种超乎寻常的"幸运"，对一个艺术家来说反而显得另类。毕竟，有太多的艺术大家在功成名就之前，都经历过常人难以想象的艰难人生。梁君午先生如此幸运的人生旅程却没有阻遏并消淡他艺术的奇绝之光，显然不是仰仗境遇的刺激，而更需要抗击过于幸运的境遇可能产生的平庸。这或许是一件无以确证的猜想，但不管怎样，唯一合理的解释是，他就是为艺术而生，为此而调用全部的精神资源和人格力量。在采访梁君午先生之前，我做好可能会听些类似"少年不得志"、"天赋差一点被断送"，抑或"艺术道路几经坎坷"等跌宕起伏故事的准备。但真正走进梁君午的故事以后，我发现我错了。谁说人生不经历苦难就无法成才？谁说这幸运的人生就是理所应当？我们总是被自己的思维框架限定，却忘了去看、去听、去感受。没有人天生幸运，如果非要说有，那就是梁君午对绘画的笃定和坚持，使得他这一路走来始终未忘初心——喜欢画画。梁君午的"幸运"正是在于他对

---

　　①梁君午留学拿的是当时西班牙每年给台湾地区1-2个名额的"外交部"奖学金，这个奖学金只是免费吃住的奖学金。另外，蒋经国先生自掏腰包，从他每月薪水里拿出50美金，以救国团补助的形式资助梁君午在西班牙的学习。

画画的喜爱,这份爱无关他是一个职业画家还是一个工程师,不带有任何身份附加,也不带有任何目的性,带着的只是对作画的投入。即便是一时的苦难,对他而言,也仅仅是幸福的积淀罢了。做着自己喜欢的事,幸福感油然而生。

访谈中,梁君午最常用的表述就是"也许吧","可能吧","也许他觉得我画的不错也说不定","可能我真的很幸运吧"。他不喜欢笃定一切的肯定句式。不只是莫索斯,在访谈中他还特别向我们介绍了好几位在皇家艺术学院教过他课的老师。梁先生专攻油画,然而他在列举所要感谢的老师时,几乎穷尽了当时皇家艺术学院的所有老师。时过多年,他对那些老师的记忆依旧深刻,很多小事他都如数家珍。他记得安东尼奥·洛佩兹(Antonio López)的"寡妇车",他穿着风衣、叼根烟,和当时风靡的神探哥伦布一模一样;他记得弗朗西斯科·尼瓦(Francisco Nieva)是怎样耐心地一步步把延伸东方思维的观念灌输给他,引导他把中国的平剧《四郎探母》搬到西班牙,把如今才开始风靡的复合材料应用进舞台设计;他还记得在老师Guro的解剖课上,他们照顾他语言的劣势让他以图答题,最终还给了他一个超出满分的最高成绩——120分(满分100分)。这些点点滴滴,无论是艺术指导还是生活关心,梁君午全部铭记于心。他将这些老师当作开启他艺术人生的金钥匙。即便是毕业后,他仍与这些老师保持亦师亦友的良好交往。当他谈起这些的时候,我们能感受到那种发自内心的真诚和谢意。我在想,如今梁君午选择传道授业,与他内心深处对老师的情感态度相关联——他比谁都清楚,好的老师、好的教育对有天赋、善进取的学生能产生怎样的积极作用。

或许是因为阅历丰富,参悟了些因果与事理,梁君午认为他所拥有的际遇说到底离不开一个缘字。但在我看来,"缘"之一字,一来一往。命运眷顾了梁君午,梁君午也牢牢抓住了机遇。幸运是偶然的,那是因为谁都不知道幸运何时来。很多人儿时的兴趣是画画,但能维持二十年不间断、将钻研色彩和技法视为最快乐的事的人绝对不多。对梁君午而言,绘画是嗜好。他说,"只要有时间,抓到一张纸那就画画。看个电影,回来就画。元宵节,大家都去买灯,我就自己画,比他们买的好多了。就是你已经没有办法将它(画画)放下。画画,它已然是我生命的一部分"。一个将绘画视为生命的人,他就会把自己的时间、精力、思考、情感无条件赋予绘画。在台北科技大学学习纺织化学工程时,梁君午花了很长的时间,用三原色钻研出一套完整的色表。这件事极为费时费力,他本可以不做,但是他却欣然承担,甚至感谢有这么一次宝贵的经验,让自己对色彩有了更深的了解。这样的例子还有很多,比如在"服兵役"期间,尽管不能随意离开,但许多时间只需坐在那里,他就利用这些时间临摹名画。身边无人指导,就自己摸索。谁会想到,他临摹的第一幅作品《蒙娜丽莎》会被肯特勒将军欣赏,并被挂于他的客厅壁炉之上;谁又会想到,这幅画会被蒋经国先生看到,梁君午便因此迎来命运的改变。

梁君午从未等待过幸运降临。在蒋经国先生寻找到他之前,梁君午"从未想过要把绘画当职业"。理由其实很简单——因为无论他学什么专业,做什么工作,他都不会放弃绘画。时至今日,除了油画作品的创作外,每周梁君午都规定自己画两天素描,"画十张能有两张留住就算多的了"。作为画家,梁君午对绘画的热情,从他几十年勤画不辍可见一斑。无论走到哪里,他都会带着他的绘画包,里面装着速写笔、彩色铅笔、小白毛巾、刷子等。每一分、每一秒,他都在为绘制一幅美好画卷做着准备。绘画,已是一种习惯熔铸于他的生活之中,或者可以说,绘画已然是他的生活。

心的力量

梁君午的好友,1989年诺贝尔文学奖得主西班牙人卡米洛·何西·塞拉曾说,"梁君午用濡染着光和影的鸟的羽毛素描、绘画、思考,用他东方的原乡最柔和纤细也是最坚定的色调作画,如此奥秘,如此深沉,在我们正想臆测那当儿就豁然领悟了"。如此巨大的魅力源于怎样的秘诀?

第一次拜访梁君午老师上海工作室时,我就找到了我最爱的画作《观》。画中是一匹白马和一位少女——少女的原型是梁君午的夫人欧阳湘;梁君午属马,也是妻子的白马王子。画中,马深情地看着女子;现实中,他们相濡以沫。《观》是什么呢?《观》就是梁君午写给太太的情书,就像五代十国吴王钱镠写给他夫人的千古绝句"陌上花开,可缓缓归矣"一样深情委婉,是他最真心的礼物,也是他对妻子一辈子的承诺。难忘那次与他们夫妇共进午餐,上海飘起蒙蒙小雨,走在通往餐厅的小路上,抬头看去,梁君午一手为妻子撑着伞,另一只手与妻子的手紧紧相握,相依相偎前行,那个画面凸显于周遭的老上海景观之中,似乎从很久远的情境中走来,温馨而动人。

梁君午家客厅最醒目的位置,摆放着一张妻子欧阳湘与大熊猫的合影。"这是我们去都江堰时,我捐助1000块钱后让我太太和这个大熊猫留下的一张合影。

我知道她喜欢小动物,也知道她一直有一个心愿,就是能和大熊猫合影,于是我就花1000块实现她的愿望。何乐而不为呢?"梁君午说。他觉得这笔一千元的消费十分值得,用他的话来讲叫"会花钱",因为这笔钱既对大熊猫保护有所帮助,又能完成太太的一个心愿。作为丈夫能为妻子做点小事,他觉得这比自己的作品得到认可还要自豪。很有意思的一点是,妻子眼里的梁君午并不是个浪漫的人。"我们两个从来不庆祝我们的结婚纪念日,因为我老公记性很差,常常忘掉。哈哈"。欧阳师母告诉我,他们也没有过情人节。其实并非是梁老师不记得,因为他们的大儿子就是情人节那天出生,他怎会忘记这个特殊日子。只是骨子里东方人的含蓄让他不太容易把爱时时挂在嘴边。

在梁君午夫妇的好友——马启明[①]先生看来,欧阳湘的"情"也是铸就梁君午"画"的重要因素。如果没有欧阳湘的情真意切,也许不可能有今天的梁君午。想当年,梁君午刚结识欧阳湘,就遇上要去西班牙留学。他们的恋爱方式就是一封封来往的书信和偶尔附带的照片。欧阳湘这一等,就是数年,直到梁君午先生认为"不能再等了",终于在1972年将她接到西班牙并与她结婚。四十多年的夫妻相处,梁君午去哪,欧阳湘就去哪。随夫的奉献,让梁君午在创作时可以完全无忧无虑,尽情洒脱地发挥真性情。欧阳湘说起丈夫梁君午的工作状态,用的是"六亲不认",因为太投入而忘我,有时甚至忘记喝水,忘记吃饭。可是,"欧阳湘最有智慧的一点,就是让他身边的这个男人有这样一个发挥的空间",马先生是这样告诉我们的。

梁君午其实比许多男子都要浪漫,只是将所有的"情"都用"画"来诉说了。《观》是两个人的情感世界的描述,然而,在艺术的意义上,它却不仅仅属于两个人的生活,而具有触动所有观者的艺术感染力。整幅画运用了大片的蓝色,十分深邃、深沉。初看时,抱着一颗暖融融扑腾腾的心,感受着梦幻的色彩,就好像整个宇宙只存在于那深情一望中。可你再细细地看,就有一种沉溺其中的感受,那梦幻般的色彩在光影与视线的交融中渐渐走向了一种宁静与平和。时间老去,而宇宙的笑容又轻又浅,岁月积淀后的感情,深沉似海,神秘如夜,或许这便是塞拉所

---

①马启明,梁君午好友,神通电脑业务副总、大众电脑协理、美商来福公司副总经理、台翔航太协理总管理处处长、美商西屋电气公司IBC(国际业务顾问)、美商诺斯罗普格鲁曼公司IBC、美商富兰克林坦伯顿顾问、捷电(亚洲)股份有限公司负责人、捷电节能工程顾问(苏州)有限公司董事长。

说的"在我们正想臆测那当儿就豁然领悟了"的境界。艺术与生活在梁君午这里获得了统一,心便是勾连两者的桥梁。无论是艺术还是与人交往,因缘而相识,以真心相待。艺术与世间万物相通,梁君午因艺术结缘了很多朋友,而维系这些缘分的便是他表里如一的性格。

台湾大学外文系教授张淑英是梁君午25年的朋友。她说,每次与梁君午的相遇、聚会,或公开活动,都不曾看过不一样的他:他总是乐观,总是珍惜友情,总是真诚,总是知足,总是对绘画抱有无限大的梦想。另一位朋友史文[①]小姐在接受我们的采访时,谈到与梁君午老师的交往,情到深处流下了感动的泪水。在绘画方面,梁君午是她的老师。他对她的艺术作品给予最中肯的评价,为她的艺术事业提出最实用的建议;在日常生活里,梁君午老师又像是可以无话不聊的家中长辈,尽管这对忘年交有45岁的年龄差,但在他面前,她却可以倾诉连父母都不能说的真心话。另一个形容与梁君午老师之间的情感"似父女般的羁绊"的是梁君午和欧阳湘师母在西班牙的好友——曾丽芬[②]女士。她回忆起与梁君午老师夫妇在西班牙二十几年来的交往过程,感慨异常。在"每逢佳节倍思亲"的日子里,梁君午老师和师母都会邀请她去他们家一起团聚,结束时师母还会另外包些菜让她带回家。时间一久,曾丽芬渐渐感觉到,去梁君午老师家就像回娘家一样。知道"女儿"爱吃牛肉面,每次妻子做了,梁老师就会咕哝说着:"打个电话问问小芬来不来吧。"

五一假期前的那次采访,梁君午老师像往常一样,采访后和我们每一个工作人员道别。得知我们采访小组的成员杨菁要到长途车站,梁君午先生坚持等到的士到达酒店门口,将她送上车。杨菁后来告诉我,当她坐上车拉下车窗和梁君午老师告别的时候,梁君午老师迅速从钱包里拿出几张10元钱扔了进来,她一时没反应过来,等回过神来时梁君午已经快步走掉了……隔了一段时间,她与梁君午老师再见面时,梁君午第一句问起的还是上次的打车费够么,是不是很顺利到车站了。

有一次,我无意地生发了一个疑问:"画人物时,模特摆姿势也很辛苦。而且

[①]史文,梁君午学生兼好友,江苏吴江当代艺术院常务副院长,文·画廊创始人、总经理。
[②]曾丽芬,梁君午好友,西班牙马德里大学对西汉语师资培训教师。

有些时候，一个好的时刻转瞬即逝，画家捕捉不到的话想再遇到也许很难。既然这样，为什么不先用相机拍下来，然后对着照片画不就行了吗？"这本只是一个外行之言，却被梁君午老师抓住，严肃认真地上了一堂课。梁君午老师以照片与画作喻体，他告诉我："天地的一切自有冷暖的变化。用了照片，等于你走了一条捷径。可是就如人生一样，走捷径意味着你会错过那沿路的风景。"此时，梁君午不仅是以一位专业素养极高的老师身份在传授知识，更是一位长者在传授他的人生哲学。就像是欣赏模特的美，这个美代表的难道仅仅是女性身体的曲线美？难道不是这位模特思想之于身体的全部表达？这是艺术创作的态度，也是欣赏画作应有的态度，更是看待生活、感知生活的人生态度。

对于艺术创作，梁君午不仅仅是用心，更是有着超乎常人的耐心。画画，也可以说是征服时间的创作。如果心急，未能等油彩干透就再上色，画就会脏；如果不小心，马虎的一笔或是随意地施色，画作的品质就会受影响。据张淑英回忆，梁君午在西班牙的画室整齐有序，大中小画笔琳琅满目，各种油彩按深浅摆放铺满整个桌子。画布清新干净，一尘不染。每次作画，梁君午都是套上一件妻子亲手准备的"围裙"，以免衣服和画布接触互相弄脏。张淑英说，梁老师是用耐心和耐力保持画作的持久性、亮度与质感。

1991年，梁君午受邀去中南美洲开画展，张淑英也有机会长时间目睹整个筹备过程。她几次听见梁老师对着画作惋惜，说道："这幅画我很喜欢，但是时间来不及参展，只好割爱，千万不能急就章。"

我十分喜欢梁君午老师在上海的工作室的雅致布置。玄关进去便是一堵镂空的屏风墙，墙后的绿色植物选择的是"四君子"之一的竹，或许梁君午老师与苏东坡有着同样的趣味，"宁可食无肉，不可居无竹"。墙上挂着、地上摆着大大小小的油画，整个工作室给人既温馨又高雅的感觉。走进去，还有一间小画室。因为面积不大，采光也一般，梁君午先生只在里面画些素描或是其他小幅作品。这个小画室最吸引人的是一面旧照片墙。许多照片虽已泛黄，但能清晰辨认，有梁君午在台北"中正纪念堂"和自己的画作留影，有和蒋经国先生、西班牙国王等人的合影，有1989年2月15日的《光明日报》[①]，还有和夫人、孙子孙女的合影，等等。

---

①当时对梁君午画展和其人的报道。

照片墙的下方摆放着一张桌子,放满了梁君午老师平时会用到的笔、刀、刷、纸等绘画用品,还有就是一台音乐播放器。

梁君午先生十分热爱音乐,无论是课堂还是工作室,走进梁君午所在的空间,我和我的团队成员总能听到音乐。尤其是作画时,他都会一边播放音乐一边挥洒。他说,"音乐是我作画的原动力"。比才的《卡门》如此激情,大片的红色最能表现吉卜赛女郎卡门快乐、坦率又充满野性的复杂性格;柴可夫斯基的《1812》,隆隆的炮声中,库图佐夫带领俄国步步逼退拿破仑大军,必得将色块作大部分处理才能分层表现这首赞歌。音阶式乐句的重现是画布上意想不到的"惊喜"。

对待艺术生活,梁君午做到"关心、用心、真心、交心",他也同样将这"四心"作为自己做人做事的准则。

梁君午是一个很简单的人,和他接触很短时间,你就会感受到那种被温柔和绅士风度包围的幸福感——他关心每一位朋友的近况,他的邮箱经常还能收到来自初中同学的问候信;他会用心地为来家做客的新朋友准备西班牙有名的小吃——Tortilla de patatas 和台湾茶,一下子打破了因不熟悉而产生的尴尬;他真心为别人考虑,永远请女士先行,为女士拉开桌椅、车门,碰到进出电梯,都会为旁人"服务"好;聆听时,他都是诚恳地望着对方的眼睛,感受对方的感受,以一颗赤子之心对待他人、看待世界。就连街头的嬉皮士,梁君午都会"竭尽所能"帮助一下。记得初到欧洲,赶在开学前,他去英国,在伦敦的特拉法加广场,他看到一对嬉皮士街头艺人在地上画粉笔画,画的是拉斐尔的《圣婴图》。因为画得太差,没人施舍,所以他们一直饿着肚子。梁君午每次经过都会张望一下。终于还是不忍心,有一天,他就上前跟他们说,"我来帮你们画画好不好?"画了半个小时以后,就听到"叮铃铛啷"铜钱丢落的声响。拿着满当当的铜钱,他们饱餐了一顿。在梁君午看来,如果艺术能给别人带来面包,也是一件令人欣慰的事。

梁君午更在意的是艺术带给别人的精神能量。曾经有人问过梁君午,这一生收藏你作品的人如此之多,你认为谁最重要?他的回答不是政府官员,不是首富、老板,而是那些喜爱他画作的蓝领。对极富裕的人而言,收藏梁君午的画所需的代价不会影响到他正常生活,可是对于最最普通的老百姓而言,也许他们拿出的是全部的积蓄,以及满腔的热忱。他永远都会记得,有这样一对小夫妻,原本只是打算外出为他们的新家挑选家具,可是路过画廊被他的画深深吸引,央求梁君午老师是否能分期付款买下。于是,在连床都没有的婚房里,他们拥有了一幅梁君午的画。我能想象,若干年后当那一对小夫妻的孩子问起他父母的故事时,他们会告诉他,在这个家里最先出现的也是生活最需要的不是面包而是欣赏美的眼睛。

艺术本身也许柔弱,却是不可征服的,因为那是植根生活的心之力。

融汇东西的艺术

梁君午的性格,既有东方的含蓄内敛,又有西方的率真直接。在台北"故宫博物院"院长秦孝仪看来,梁君午先生画如其人:"惟形色之上,赋神感人,归本华夏,神理与形色契合,东西一体,自在其中。"

他在西班牙求学、生活数十年,深受西班牙艺术文化影响。位于西班牙坎塔布利亚自治区中的阿尔塔米拉岩画,是世界上最早的艺术品,被西方人称作"史前的西斯廷教堂"。看到壁画上栩栩如生的动物形象,梁君午被古人精湛的写实技艺震撼。他仔细观察那红、黑、紫的壁画颜料,研究着这艳丽夺目的色彩形成。印象最深刻的是在那凹凸不平的墙壁上居然连动物的鬃毛都能被一一刻画,令人叹为观止。梁君午从中深受启发,投入思考西方绘画技艺之路。青年时,梁君午几乎走遍了全欧洲最有名的艺术馆。没有课的时候,他经常背着画板和画笔钻进西班牙的美术馆先欣赏、再临摹,一坐就是整整一天。

在文化复兴时期的画家之中,他将埃尔·格列柯、委拉斯贵支和戈雅奉为艺术偶像。埃尔·格列柯,人称"希腊人",是西班牙著名画家,画风不拘一格。在他的绘画中,人体比例并不是按照常规所谓的黄金分割,而是把人物的头部和身体的比例拉长到 11.5∶1 或 12∶1。埃尔·格列柯对梁君午的影响非常大,尤其是在绘画观念方面。埃尔·格列柯作画,习惯先用灰色来处理,等人物造型完成得差不多后才会用紫红、绿、蓝、黄等颜色着色。梁君午先生提倡的"绘画其实是对灰色的探讨",一部分就来自他的启发。同时,埃尔·格列柯的绘画观念与中国的"天人合一"观念非常相似,就像他的名作——《剥去基督的外衣》,表现的就是上帝与信徒之间的天人关系。这和梁君午信奉的东方和谐观不谋而合。

在西班牙留学期间,梁君午曾经在课堂上画了一幅自我感觉很满意的画作,然后兴致勃勃地拿给莫索斯老师看,却被老师手轻轻一抹,然后对他说,"不要忘记你是一个中国人,不要忘了你们中国人最讲究的意境"。他思考老师的话语,终于想通。不是画不美,只是太过清晰。"中国人不求表象的美,中国人从来都是追求意境美的。原本清楚的地方可以让它变得朦胧，而原本模糊的地方也可以让它变得清楚，最后出来的就是中国人的那句话——'一笔到底，就可以千言万语'。"所以，相较于艳阳天，他还是更爱清晨的薄雾朦胧。

  在绘画技巧方面，梁君午对费利佩四世时期的席尔瓦·委拉斯贵支（velazquez）推崇有加，尤其是他的大气透视画法。梁君午天生对色彩有浓厚兴趣，他回忆，"父母和我说过，我小时候但凡经过色彩缤纷的玩具店，就怎么也不肯走"。长大后，他每次到马德里普拉多博物馆，看到委拉斯贵支的《宫娥》[①]时，都会驻足许久。令他如此着迷的正是色彩的运用。白色块，是梁君午画中必然存在的元素。这个最常见、最普通的颜色，在他看来都极为奥妙。他把白分为三个层次——一为物理性的白色，像是《灰色的探索》《白的遐想》里实物功能性的白；二为空，视作对空间和平衡的表达，如《红与黑》或《海的记忆》等作品；第三种，则是梁君午理解的"破坏"之意，像是他近期创作的五行系列中的《火》，留白的破坏之意尽显其中。

  梁君午从不掩饰对戈雅（Goya）的崇拜。戈雅因为受到拿破仑入侵西班牙的影响，整个人的性格发生了激烈转变——从一个与世无争，只从事艺术工作的画家变成了一个激情、热情的爱国者，画出了一批至今仍让世人震撼的作品——黑画。有一种说法是西班牙的艺术传统就是戈雅的黑画传承，即Goyesco。梁君午就读的马德里皇家艺术学院，戈雅曾经担任过校长，在这个意义上，梁君午说自己也算是Goyesco的传人。但梁君午深谙自己与其他西方画家的不同，始终不忘自己是一个来自东方的画家，自觉继承着中国人的血统。在西班牙求学的六年加上日后的数十年，他身处西班牙艺术领域却始终在做一件事情——将东西文化进行撞击，"撞击的力度越大，融合的力度也越大"，"这种融合使我的画具象也抽象。不是一半一半，半抽半具，而是套用数学中的乘法，既抽也具"。

[①]《宫娥》是委拉斯贵支代表作之一，描绘的是公主早晨穿衣的情景。他用了一大一小两个平面镜反映了四个场景：正在绘画的画家自己、年仅6岁的小公主玛格丽特、两位陪伴公主小心献上茶杯的宫娥、一个年长的侏儒、一个调皮的女孩和一只卧在地上的大狗构成一个层次。在大平面镜中映出了小平面镜，国王和王后正通过小平面镜端详自己的女儿，这是第二个场景。第三个和第四个场景分别是大臣们和大臣身后明亮的走廊。这幅画极具风俗性，且构图大胆。从生活的情趣出发描写宫廷的日常生活，揭示了生活在这里的人不快乐的事实。

他总是能将其中的"度"拿捏精当。比如,欧洲人的生活态度是直接和豪爽的,但中国人的性格就委婉得多。讲话如是,做事如是。梁君午不是横冲直撞,也会绕弯儿,按他自己的话来说就是"少绕点嘛"。记得有一次,一帮同学来看另一个同学的一幅画,西方的同学就说"这画的是什么东西""这样的画能看吗"之类的话,而梁君午说"这两笔画的真的不错,你是怎么画的呢?"等人家反问"真的是这样么"时,他就回答说,"对啊,画得很棒,但我认为其他地方如果可以再怎么改进下会更好"。于是,从大学二年级开始,只要是评画,同学们就纷纷找梁君午,因为他从来不会把别人的画骂得一文不值,只会给出中肯建议。

中国人的中庸之道在梁君午先生看来就是讲究大自然的和谐之美,他认为这和欧洲人的审美观念并行不悖。梁君午老师在课堂上谈到中西方审美问题时,恰好有个学生提出了这个问题——"表现主义是不是统统都是对立的?"梁君午老师说:"当他将表现主义的美认为是呈现在画布上的美以后,他搞错了一个东西。所谓和谐的美是说当画家把他的思想用一种强烈的对比色调表现出来以后有没有达到他想要的美的效果;那如果达到了,那是他用表现主义跟他内心产生一种和谐美,而不是画完了以后画布所呈现的一种和谐美。"学生豁然开朗。

尽管融汇中西,梁君午却不认同自己的画是所谓"中西合璧"。确切点说,是不认同于以中国人的身份漂洋过海到了西方,学习些绘画技巧,看过些名作就以为是学贯中西了。在他看来,油画很重要的一点是重点的把握。这个重点包括空间重点、平衡重点、运力重点,各种重点的把握都必须去感受。会"感受重点"才是创作油画的前提和根本。他追求的是将西方的素材、东方的灵魂两者相乘的一种高度。就像他的另一位恩师安东尼奥·洛佩斯·加西亚(Antonio López García)[2]曾经启迪他的那样——物象的再现最好的就是它最真实的再现,不一定是色彩运用得如何。他举了一个例子,如果画一个烤漆冰箱,不可能拿画纸去烤漆,但可以运用中国砌漆的观念,即一层又一层上色彩,最后变成那种光溜溜的几乎代替了烤漆的那种感觉。说到这里的时候,他指着画室里一幅女体画告诉我,

---

[2] 安东尼奥·洛佩斯·加西亚(Antonio López García),毕业于圣法南度艺术学院,当代写实主义最重要的代表,马德里超写实主义之父。曾任教于圣法南度艺术学院,1993年成为圣法南度皇家画院院士。

在画这幅画之前他又读了白居易的《长恨歌》，感受着"春寒赐浴华清池,温泉水滑洗凝脂",画下了女性裸露的乳房。

梁君午独树一帜的绘画风格征服了许多人，包括阿根廷总统、世界首富、诺贝尔文学奖得主等。他是唯一一位带着自己的作品觐见西班牙皇帝的中国画家。当年应西班牙国际观光部之邀，梁君午向西班牙国王卡洛斯一世呈示了一幅画作。作品选择了西班牙最著名的世界遗产阿尔罕布拉宫作为画作背景，一个穿着薄纱的少女正坐宫殿前方，对着窗户观望，画面中飞过一只白鸽。少女身着的那个薄纱也是现在西班牙有名的观光胜地——一个叫作伊比萨岛的民族服装。那个地方位于地中海，阳光普照。这幅画艳柔相间、相得益彰，深得国王喜爱，至今还被珍藏于西班牙皇宫之中。

欣赏真迹总是能比阅读画册感受到更为强烈的震撼。在梁君午先生的画室里，我有幸看到了一张与他为卡洛斯一世所作的颇多神似的画作。画面上也是一位穿着白纱衣的女子，女子身上披着的白纱，她的神情，还有整个画作的氛围——远观是唯美和梦幻，近看好像又流露出淡淡的忧伤。这种奇妙的感受，只有身临其境，才能意会。"你所看的那种远近不同的感觉，其实是你完成了画家所给予的那种感受，这是一种和谐，是一种艺术的交流。你无意中的直观感受其实也是有艺术本质的一种观念在里面"，梁老师向我解释其中的奥秘。那一刻，我忽然觉得他简直像造梦师，能用手中的画笔描绘出人们心中一个个或激情、或悲情的梦以及那不能言说的感触。

心灵的原乡

生于大陆，长在台湾地区，艺术养成于西班牙，三个地理空间标识着梁君午的生活曲线、艺术道路和生命轨迹，承载着他人生中较他人更为厚重的热爱、执着与眷恋。漂泊异乡的游子，在外待得越久，对家乡就越是牵挂。梁君午说，在很久之前他就有回大陆住一段时间的想法。

"我们这一代的人，对大陆是有憧憬的，自小在父母的口中念念难忘的家乡，如何的山明水秀，多么的地大物博。

学校的地理、历史课上课时，来自大江南北的老师，带着乡音，诉说着浓浓的乡愁和那些'颠沛流离'……我们这些台湾地区长大的孩子总是听得兴味盎然。"

说到这里的时候,梁君午老师那一口台湾地区普通话音量大了起来,眼眶有些湿润。他电脑网页中的收藏夹里有许多是大陆新闻的网址,无论是在西班牙,在中国台湾地区,在世界的任何一个地方,他都会关注中国大陆的一切消息。他们坚持让孙子和孙女接受中式教育,学说中文,学中国文化,尽管儿媳妇是地地道道的西班牙美女。2008年,因为大儿子工作调动到上海,为了照应子孙,梁君午和妻子决定回大陆看看。其间,他们去了不少地方:北京、上海、江苏、浙江、四川,还有新疆等,切身体会到了"望长城内外,惟余莽莽;大河上下,顿失滔滔"的豪壮,也感受到"日出江花红胜火,春来江水绿如蓝"的婉约,以及那"浩瀚无边西域长,黄沙滚滚满天扬"的奔放。

我问梁君午大陆在他心中的位置时,他坚定地回答:"那就是我'心灵的原乡'啊!"当得知汶川发生特大地震时,他彻夜难眠。他希望自己能为同胞做些什么,于是花了7个月的时间把自己关在画室潜心创作,终于完成大型油画作品《手》。之所以选择"手"作为主题,意在向所有参与抗震救灾的无名英雄致敬,他认为在遇到这么大的灾难之时,是人类的双手发挥了最大的"能量"。当他在都江堰拉下画上红布的一刹那,在场的人们眼中涌出的泪水,不仅证明了这幅画的成功,而且意味着梁君午先生与这片灾难深重而又蕴含无穷力量的土地之间心灵上的相通。因此,当他把这幅《手》捐赠给都江堰市时,传递的是爱的能量,也是他对原乡的深情表白。

中国台湾地区,是被梁君午称之故乡的地方。7岁,随父母离开大陆,踏上了台湾地区这块土地,在那里度过了童年及青涩的青春年华。成长、受教育直到去西班牙学画前,他心中留存的故乡的记忆都是美好的,骑单车去西门町看电影,跑圆环吃小吃,点点滴滴都好像发生在昨天。由于父母一直居住在中国台湾地区,梁君午每年都会回去陪伴一段时间。他和台湾地区的关系一直没有间断过,对台湾地区的文艺圈也并不陌生。

梁君午对中国台湾地区有着浓烈的回馈之心,很重要的一点是因为当年蒋经国先生的倾力举荐,才使得梁君午有机会赴西班牙学画。所以,学成后他也履行了诺言,返回台湾地区教书。那段时期,他创作了一些历史题材的大幅作品,诸如《黄埔建军》《黄埔军校开学》《抗战时候法里斯空战》《淞沪海战》《长江海战》等,这些作品一直被挂在台北"中正纪念堂"内。还有,如今台湾地区领导人就职时面对的那张"国父像",也出自当年梁君午之手。

回台湾地区两年后,梁君午越发坚定了"当一名职业画家"的理想。那次,他选择了完全听从自己内心想法,带上妻子和一岁的孩子,还有几幅未完成的作品再赴西班牙。临行前,他向蒋经国先生立下一个约定——"再给我两到三年时间,做不成职业画家,就回来做一个好老师"。同时,他为蒋经国先生画了一幅与夫人蒋方良女士一起的夫妇肖像,作为蒋经中先生生平唯一一张正式的肖像被一直挂在他的官邸——七海山庄的卧室墙上。许多事情总是难以两全,梁君午三年后没有回来,因为他在西班牙画坛崭露头角。当蒋经国先生——这个在梁君午生命中极为重要的一个人临终时,他都未能赶来送行。这是他心中永远的痛,唯有那张肖像画一直代替他陪着蒋经国先生到生命最后一刻,这,或许是对梁君午内心的一点安慰。

　　西班牙,梁君午艺术修养启蒙的地方,也是他事业起步、发展之地。起初,他就像一只空空的大袋子,老师说的、美术馆学到的,等等,被全盘接收,统统往袋子里装。随着学习的深入,他也把握到自己的喜好和擅长,于是有所筛选地接受,取其精华。也正在这个时候,创作的观念浮现出来。此后,他在西班牙艺坛发展得颇为顺利和成功,斩获大小奖项无数,世界巡展频频。"我是历经好几个时期最后差不多一直到 50 岁时,我的画里面才有一种自己的个性,自己的本性、风格",梁君午说。这个被其称作风格的就是技巧和思维、感性与理性的结合,他认为一个画家只有在有了自己的风格以后,才不会在艺坛遭受所谓门派之分的压力。梁君午坚持"决不吸二手烟"——"我不想我的画被说成是某个画派的,因为所谓归属于某个画派,那就意味着你不是一把手了。所以我的画,别人只会说,这是梁君午的画。也许它接近哪个画派,但它终究还是梁君午的画。"

　　在西方多年的艺术修为早已让梁君午对展览习以为常,简直是家常便饭了。可每次回国办展览,比到世界任何一个地方都有压力。在欧洲,画廊以及当地艺术圈的朋友他都非常熟悉,就算是平常争执再多再激烈的朋友,到了画展的那一天都会碰一下香槟然后愉快地交流,那样的画展可以说是一种快乐的展示。而回国办展览,面对自己的故乡,梁君午认为自己"是来经历考验的",他希望自己能不负所望,"能给故乡艺术圈的朋友们带回来一些有价值的东西,办几个值得看的展览"。所以,无论是 1984 年的"海外百人展",1991 年在台北市立美术馆的开馆展,还是 2011 年《留白——未尽的灿烂》梁君午个人作品展,梁君午都会投入更多的时间和精力。他甚至因此被称作"有史以来最努力的画家"。在台北美术馆的展览,他每天下午一点钟一定到画展去,一直待到黄昏六点钟关馆才会回去,其间,不断有人来找他探讨和交流,有艺术家,有收藏家,也有普通民众。总之,画展开一个月,他就这样坚持一个月。

"我们人生规划中原本以为会终老西班牙,却没想到,人至老年,最后竟然回到故里,回到东方。"尽管习惯了每年都陪伴丈夫来大陆或台湾地区进行艺术交流或探亲,欧阳湘对于落叶归根,还是感恩命运的安排。对梁君午而言,他仍信守着与蒋经国先生的承诺。如今选择从事艺术教育的时间非常对,因为和四十年前相比,他有了更加丰富的经验和更深厚的沉淀,这些正是现在习艺青年需要的。

梁君午崇尚随遇而安、水到渠成,在最合理的时间他选择最合适的生活方式。这应该就是为什么他人生的每一步走得既自在又踏实的原因。你绝不会看到他做"三分钟热度"的事,只要是认定想要做的,他都会有理性的构想,对待艺术教学也是如此。回来后,他看到了一些事实。大陆,甚至亚洲这个艺术大环境里面,接触到的所谓西画不过一两百年,而欧洲艺术已经走过四五百年光景了。关于油画,我们的了解是有限的。最有名的、大家都知道的就是19世纪末20世纪初,法国的那一批油画,掀起了中国赴法学画的风潮。新中国成立以后,大陆艺术领域又受到是来自俄国的影响,即印象派和新古典主义。这样的艺术传统导致许多学画青年的思维受到束缚。梁君午告诉了我一件他亲历的并令他很伤心的事情——"有一次我去一个书店,翻书的时候翻到他们考美术学院的那些课本、教程、范例。考央美、国美,考素描、油画,不管是什么,全都是一样的东西。用中国文学上的一个词称就是八股文,太死板了。"

梁君午想打破过时的美学束缚,把自己在欧洲这几十年作画学到的经验和方法跟苏州的地域文化做一种结合,然后教给学生。"苏州大学艺术系的学风,苏州大学艺术系的油画该有属于自己的特色",这是梁君午的期许,也是他为之努力的目标。

灿烂的绵延

人生,时刻都在做出选择。不同的阶段,人会依据当时的环境以及自身的情况做出选择。在去西班牙四十年后,梁君午毅然决然地回到中国大陆,来到苏州。他坚定地说:"我要为苏州大学的学生找到他们的艺术路子,我要开创苏州大学艺术系独有的画风。"

梁君午的妻子取笑他理想是不是太大了,梁君午无所谓地笑笑,"总得有人去做嘛"。

的确,朱光潜的座右铭"此身、此时、此地"在梁君午身上也展露无疑:"此时我能做的事,绝不推诿到下一时刻;此地我能做的事,绝不想着换另一个境地再做;此身我能做的事,绝不妄想他人来替代。"梁君午走进教室,放下了他那沉甸甸的单肩包,先向班主任老师和班长询问了班级的情况,包括学生人数、绘画经验、已学过的课程,等等。接着,就在教室中间的一张高脚凳上坐下。他不急着讲关于绘画的事情,只是慢条斯理地说着自己的故事。第一节课程就在没有点名、没有隆重开场白的情况下开始了。"数年前,我在台湾地区东海大学也有过一段时间的讲座和教授经历。直到现在,曾经的那些学生都和我保持联系。他们的近况、学习生活中遇到的问题都会和我交流。"梁君午坦诚地表达了自己的教学观——"我希望做一个在旁边扶持你的人,同时希望你保持你自己的方向走。"

他引用了"三个和尚"的故事,意在告诉学生,"绘画从任何一个角度看都是对的","绘画始终是在追求不完美的完美"这个道理。于是,学生们在他的鼓励下撑起画布,边听边学,边学边画。台下的17名学生是第一次接受这样一位世界级大师的亲自指导,欣喜、兴奋和紧张的心情不言而喻。"梁老师带给了我们全新的艺术观念,跟之前接触到的完全不一样","梁老师说的话从前没有任何一个老师对我们说过","有些被震撼到了,既兴奋又有点害怕"……这些肺腑之言是课间休息时学生们悄悄告诉我的,我能明白他们的感受,因为我也如他们一样,以"旁听"的身份置身课堂,捕捉着课堂上的一举一动。

他将专业性放在育人首位。梁君午先生在仔细观察教室后,直言不讳地向苏州大学校领导和艺术学院负责人提出"画室可以更专业些"的建议。虽然此时使用的教室尚可应付短时间内的需要,但是面积小、纵深短、光线不佳等问题确实会影响学生们的学习效果。尤其是对于"模特空间"的安排,梁老师更是特别重视。他常说,"模特、画布与画家本身,这三者是不可分割的",尤其是对于一位以画人物见长的画家而言,模特的重要意义不言而喻。梁君午对待模特的郑重态度绝不仅仅是因为她(他)们是绘画的对象,而是源于他对待每一个所画人物的情感倾注。所以,他极少使用职业模特,或者说与他合作的模特都是不那么职业化、标准化的,她们看起来更有个性,更鲜明,更为活生生地存在着。事实上,与他合作的模特几乎都是他的朋友,有一位模特还是他朋友的女儿。从她的少女时代、青春时代、结婚一直到现在为人母,梁君午一直在用画笔和她进行生命的交流。当我了解到这些的时候,也就毫不奇怪梁君午在为苏州大学学子上第一堂时亲自为模特搬道具,打灯光,甚至专门借来取暖器为模特供暖保温,叮嘱立即为模特搭建一个可供更衣的专用更衣室。

这些,学生们都看在眼里,记在心里,他们也十分清楚梁君午是在用实际行动培养他们做一个专业画者的良好习惯。第二天,当我再次走进课堂时,就发现沙发、桌椅等可能会用到的道具都已整齐摆放在教室中间,这些道具的种类几乎可以说是在教学楼内师生们能搜罗的全部;在教室一角,也用木板隔出了一间专供模特使用的更衣室,尽管结构简单、空间也不大,但这却是学生们第一次郑重其事地自己处理"模特空间"。

第一堂艺术训练课着实"刁难"到了这些有着一定绘画基础的孩子们。梁君午老师请模特摆好一个造型后,让同学们进行绘画,要求只能使用红色和绿色两种互补色彩,必要时搭配白色使用。一时间,大家显得不知所措。"只能用红绿两个色!"梁老师再次强调了他的要求。孩子们从各自背来的几十种油画颜料里寻找自己所需,动作看起来有些迟缓,有些同学一边挑选一边抬头打量邻近的其他人,试图想再次确认老师的指示。当他们终于拿起画笔、沾上颜料在画布上作画时,内心的茫然更加明显起来。有的学生甚至端详许久,不知从何下笔。此时,全都看在眼里的梁君午老师走到一个男学生的画布前,从工具箱里挑选了一支画笔握在手里。他向那位男同学指出:"这里的线条你这样处理显得过于生硬,虽然只允许用红和绿的颜色,但是依然可以从构图、线条、阴影等角度思考如何表达你的绘画,如何通过画作传递你的思想,因为我们在做的训练叫作'质'的训练——我们要用红与绿两色把绘画对象的本质表现出来。"这时候,所有的学生都放下了手中的画笔,涌到梁君午老师身边,听他讲解,看他如何"改造"原先那位男同学的画。他其实只是示范了几笔,整幅绘画的效果就完全不一样了,同学们啧啧称奇。课后,梁老师告诉我,孩子们的一切反应都在他的预料之中,而他的要求和之后的讲解、示范都是为了告诉学生们一条重要道理——"任何东西都可以用任何一种颜色表达"。

如果说,第一次红绿互补色的练习带给学生们的是绘画观的颠覆,那么之后每堂课上梁君午老师精心设计的实践内容则打开了他们重新认识艺术的大门,比如刷子的使用、动态捕捉训练、画刀的运用,等等,无论是创作思路还是绘画技巧,学生们都得到了培养和提高。

经师易遇,人师难求。学生们心目中的梁君午老师是与众不同的,"跟其他任何一位老师都不一样"。你永远不会从他口中听到"你必须该怎么样"或是"你只有这样做才对"的话。

年届七十的梁君午先生,选择传道授业,私下里我也曾表示出不解。因为以如今梁君午的艺术成就,他完全可以选择更悠闲的生活方式。然而,几次访谈以后,我想,我不需要特地请教梁君午老师这个问题了。这位长者在向我讲述自己的人生故事时,已经给未经事的年轻人传达人生的真正奥秘了——"凡事不可解,就称作缘分",虽有些强词夺理,却也是道出了真谛。很多时候,这件事你一直放在心里,你想去做,可是机缘未到,所以你做不了。四十年过去,当你觉得机缘到了,又怎么舍得放下四十年未断的执念呢。执念并不意味着要走到极端,如果要走,就不需要这四十年了。如今梁君午做出传道授业的选择,执念之下更是一种镇定和淡定。"我不知道自己能走到什么程度,也并非所有都尽在掌控之内,关键是要去做啊。"

对梁君午而言,从事艺术教育从来不是谋生的职业,而是一种责任,是一种将其所学传承给年轻一代的尝试。他不仅在艺术上技艺给予指教,更重视培养学生的生活态度和个人修养,这也许就是儒家所说的人师吧。随着与梁君午交流越多,我也越来越理解他。他为自己的一个台湾地区画展取名"留白——未尽的灿烂",评论家都对这个名称赞不绝口。我认为,梁君午的人生哲学与他的画作风格相辅相成,他用一种看似"破坏"原本生活轨迹的方式去探索另一番生命景象,续写人生未尽的灿烂。苏州,也许会成为梁君午生命旅途中又一个重要坐标。来苏州大学艺术学院授课,也将会是他艺术事业上又一具有里程碑意义的作品。梁君午毫不掩饰对这座城的喜爱,尤其是太湖山水、古典园林。在古城区居住的一个多月时间里,梁君午每天都会和妻子出门寻觅小巷和小桥,他们觉得这是这座城最有韵味儿之处。苏州大学校园也是他们最钟情的,不知道什么时候梁老师已把那些苏州大学的美景记录了下来。有天,从随身包里他拿出几张素描纸,定睛一看,这不是钟楼嘛,这不是数学楼嘛……原来,这些早已经进入了梁君午先生的艺术世界。

所以还是那句话,执念意味着需要付出坚持、韧性、时间还有精力,是非常辛苦的。穷尽一生只去做一件事情,要达到这样的境界,那不仅仅是辛苦了。梁君午至今还不认为他已驾轻就熟、坦然自若,他仍在改变,仍在一步一步,慢慢地在艺术道路上向前走。访谈即将结束时,梁老师向我们提议,"也许"你可以这样写,"梁君午,一个简单的人做着简单的事而已"。这是绚烂之极归于平淡的境界,它宣示的不是灿烂的终结,而是灿烂的绵延。

专访

从未想过当画家

- 这个问题到现在依然是一个谜,仍然是一个谜。
- 没有想到的是,他对这幅画爱不释手,竟然将它挂在客厅的壁炉上面。
- 你那五十块美金不是「救国团」给你的,是经国先生从他自己每个月薪水里扣五十块给你的……整整六年。

兴趣与现实

刘 您从小就对绘画有着浓厚的兴趣吗?

梁 从我有记忆开始,我对绘画、色彩就很感兴趣。父母和我说过,我小时候但凡经过色彩缤纷的玩具店,就怎么也不肯走。从上"国小"开始,没事儿就喜欢一个人坐在那儿静静地画画,大部分是涂鸦。经常代表学校参加绘画比赛,也得过很多荣誉。可以说,从小喜欢画画,但就是涂涂画画。除此之外,还很喜欢把老师用过的粉笔拿来,用小刀雕刻成各种各样的小物件,譬如小动物啦、小军舰什么的。

刘 家人支持您的这个兴趣吗?

梁 在那个时代,凭良心讲,父母包括自己的感受肯定都觉得理工科是男生的一条好出路。父母对我喜欢画画这件事,倒不是说支持,但也不反对。

刘 所以后来您是在父亲的建议下学习了理工科?

梁 不完全是依父母的意思。我的母校——师大附中是台湾地区首屈一指的名牌中学,校友有连战、吴伯雄、刘兆玄等。这个学校的毕业生大部分都进入的是大学的理工科,再加上我念的班叫作实验班,台湾地区的中学都是三年初中、三年高中,唯有实验班是四年初中、两年高中。这所学校校风比较自由、开放,且实验班的学生又是直升高中,没有升学压力。因此我享有很多自由,在艺术方面自然就可以随心所欲。不只是画画,我也会代表学校参加壁报比赛,参加各种校际间的文艺活动。毕业前,我甚至担任了师大附中青年社长。可能自己比较活跃吧,一直到现在,师大附中的校友们仍然会记得当年那个小小的、不成熟的梁君午。我给人印象一直是小小的,大概到高二下半学年才从162公分突然冲到176公分。并且大家会记得有一个很会画画的梁君午。

刘 上学的这段时间,您都是自学画画的吧?

梁君午三岁时的照片。

梁 能算得上学习的只有美术课吧,但美术课也没有什么专业画家指导,一般就是师范专业毕业的美术课老师。可是我觉得自己运气很好,在我初三的时候,我遇到了一位老师——朱老师,他给我很大的鼓励和支持。记得当时有一种铅笔牌子叫维纳斯,6B铅笔,很贵,我自己买不起,他买了一支送给我,我如获至宝。

还有一件事情我很感谢他,就是在我12岁那年,他把我的作品拿去参加世界青少年儿童绘画比赛,我竟然获得了银牌,这是我人生第一次获得的国际奖项荣誉。

刘 在这么小的年纪就获得了这么高的荣誉,是否有一个瞬间萌发过要当画家的想法呢?

梁 对不起,从来没有。那个时候就觉得画家是一个饿肚子、不能谋生的职业。我的表姐就是学艺术的,我当时还常常觉得学艺术的人画的画也不过如此,所以纯粹是拿画画当一种兴趣吧。要说小时候的理想,应该是想成为一名工程师。台湾地区当年日子也是过得比较辛苦的,我的想法比较简单,有份好收入的工作,能给父母过上好日子,家里可以买个大房子。很单纯,不是什么远大理想。

刘 所以打算永远把绘画当作一个兴趣?

梁 绘画对我不仅仅是一个兴趣,可以说是一种hobby、嗜好。兴趣是偶尔画画,感兴趣的时候画画。但hobby是只要有时间,抓到一张纸就画画。看个电影,回

中学时代的梁君午(中)与小伙伴们。

来就画。元宵节,大家都去买灯,我就自己画,比他们买的好多了。画画对我而言,就是已经没有办法将它放下,它已然是我生命的一部分。

"蒙娜丽莎"的误会

刘 您是从什么时候开始临摹名画的？我看到您的画册里有一幅铅笔临摹的《蒙娜丽莎》。

梁 高中毕业后，我去了台北科技大学，学的专业是纺织化学工程科。这个专业一个方向是关于织布，一个方向是关于整理①。整理这一部分就包括染色、整理工程……最重要的是，其中的一个科目它与色彩息息相关。

大学二年级，有一门课程叫作色彩学。我们的老师原来是师大美术系的一位讲师，在我们学校兼课。有一次上课，他让同学们调两个颜色，结果我调的那两个颜色比他的色表还要标准，他就发现了我对色彩的那种敏感。后来他拜托我帮他画了一整套的色表，这是非常难的。从三原色再到每一种光度、明度……这个色表花了我不少时间，但它令我对色彩有了一个更深入的了解。我的老师也鼓励我在做纺织整理外多做一些关于纺织印染的东西，他认为我可以从事纺织布料的设计，甚至服装设计之类。

有一件事情很令我感动。当我从欧洲学成归来，大概过了十年，我的老师约我见面，然后他给了我一个信封。我打开信封，看到里面全部是我当年大学时期的习作。他很珍贵地将它们保存了下来。我很感谢有这样一位老师能够慧眼识英雄，在我身边一直鼓励我、支持我。

刘 但是，您的绘画才能还是在服"兵役"时真正被展露出来的，是吧？

梁 圣诞节的时候，肯特勒将军为了感激士兵这半年来的辛劳，他赠送了许多像

---

①即染整，处理完纺织品后整理再研发，目的是提高纺织品的附加值。

烟啊、酒啊这样的礼物给我们。中国人崇尚礼尚往来，但我是一个预备军官，薪水微薄，我无以回馈。所以在了解到他喜欢艺术以后，就做了个决定，将这幅《蒙娜丽莎》送给他。没有想到的是，他对这幅画爱不释手，竟然将它挂在了客厅的壁炉上面。

据说，有一次在一个酒会上，蒋经国先生看到了这幅画，蒋经国先生就和肯特勒将军半开玩笑地说："你是不是去了一趟巴黎，弄了一张《蒙娜丽莎》copy回来，很美！"肯特勒将军非常神秘地对蒋经国先生说道："你猜？"蒋先生说他不清楚，最后将军才告诉他，"是梁副排长画的"，"这幅画就是出自你们自己军中的一位军官"。据说，蒋经国先生听后，立即派随行副官来找我。可这个时候我正好又被调去台北的中山堂去执行另一项任务，所以没有和他碰上面。但我记得很清楚，蒋经国先生开始知道梁君午这个名字，那是1965年！

后来我继续临摹，大概画了六、七幅吧，每一幅都很费功夫。我还记得当时买的铅笔是叫月光牌，最差的也是最便宜的12色铅笔。然后用的是英国水彩纸，有布纹的。所以画出来的画有油画般的感觉。这六、七幅临摹，使我产生了一个很大的震撼，我竟然能够将这几幅世界名画画得惟妙惟肖，而且颜色好像真的一样。所以那个时候我想，也许自己真的对色感有一种天赋。

刘 我知道《蒙娜丽莎》是一幅油画作品，而您是用铅笔临摹的，您是怎么做到的？

梁 很可惜当时身边无人指导，都是自己摸索。这个摸索的过程，现在学画的同学大概可以了解，这就是间接绘画的一种方式，即一层颜色，再加一层颜色，然后再加一层颜色。比如橘红色是红色上面加一点黄色，那如果这个橘红又要带一点灰调子怎么办？我就晓得要加一点绿进去，因为绿跟红会产生一种灰，就是这样子去训练自己。久而久之，对色彩的敏锐度就有了。所以我觉得这个过程虽然摸索得十分辛苦，可是它十分有用。现在，一般的颜色只要我看到，我相信我摸索几次我基本上都可以调出来。这肯定和当时的临摹经历分不开。但是，当时说到底还是一种自娱的心态，可不得不相信宿命的是，因为这些临摹画，使我后来意外地走上了绘画的这条道路。

梁君午用彩色铅笔临摹的达·芬奇名画《蒙娜丽莎》。

一席恳谈成就一段传奇

刘 是什么样的机缘使您真正走上绘画这条路,我指的是获得了欧洲留学的机会呢?

梁 这个问题到现在依然是一个谜,仍然是一个谜。

刘 您自己都不知道?

梁 1965年9月我退伍,10月我就进入到了工厂上班。在工厂里面,我虽然在从事染整工程师的工作,可下了班我还是持续不断地在临摹。有节庆活动的时候,大家需要画点什么东西,都是找我的。所以对画画这件事情,并没有陌生。除了临摹以外,我有的时候也画画水彩,但是油彩这些我是从来没有画过的。

1967年冬的一天,我正上中班。那个时候台湾地区的中班是下午4点到晚上12点。就在那时,我接到父亲的电话,说让我马上请假回家。当时我还心想已经晚上10点多了,突然让我回去是怎么回事。结果听说是明早蒋经国先生要召见我,于是我和班长交代了相关事宜就匆匆赶回台北。

家父是军人,黄埔军校毕业的。他有一个习惯,就是要对儿子的仪容严加审视。当天我回到家,父亲一看到我的样子就让我赶快去理发。所以我记得很清楚,夜里10点多的时候我还去敲理发店的门,请他们特别为我剪剪头发,因为第二天早上我要去见蒋经国先生。所以就是在这样的情况下跟经国先生联络上了,距离上一次经国先生想要召见我,已经时隔两年了。真是没有想到,2年以后他还会想起我。

刘 您父亲知不知道蒋经国先生一直在找您?

梁 我父亲更加不知道了。后来我还听说在这么长时间里,其实蒋经国先生一直在找我。我又听说蒋经国先生有一点不高兴,说这个人既然在台湾地区,怎么就要你们找个人都找不到。后来有一个高级军官，认识家父，他说，"哎，我跟他父亲很熟啊，打个电话问问他儿子在哪里就行了"。所以就找到了，然后就有了第一次见面。

刘 见面的场景还记得吗？

梁 见面的场景……当然记得。永远忘不了！

去的时候，我记得是早上。印象中的蒋经国先生就是一个很简单的人，当时穿着普普通通的中山装。我到了那里以后，门口的接待人员对我说"请到主任办公室"。从那一刹那开始，所有的细节我记得清清楚楚。

"报告主任，梁君午先生到。"门一打开，蒋经国先生就从里面慢慢走过来，他跟我握了手，我永远记得经国先生的手是那么柔软。

坐下以后，蒋经国先生首先问候了我的父母，又问我"最近工作怎么样啊？"然后我和他说："很愉快，没有什么可抱怨的。"简单交谈之后，蒋经国先生用关切的眼神问我："你的画画得那么好，有没有想到出去留学？"我很老实地对他说，"我没有想到要出去学艺术，但是我现在正申请加拿大纺织工程的奖学金"。那时候我跟加拿大那边有一所学校其实已经谈得差不多了，所以我就和蒋经国先生说可能会去那里。

蒋经国先生就不时地点点头，"不错不错"、"很好很好"这样子说，他也没讲别的什么，和蒋经国先生第一次近距离见面就是这样。可是不知道为什么，距离第一次召见不到十五天，第二个电话就过来了。

刘 这一次召见与上次有什么不同呢？

梁 第二次去就和第一次的谈话不太一样了，蒋经国先生与我的谈话内容似乎更加深入了一些。"有没有考虑到外面去学艺术？"他是这样问我的。我说我没考虑过，而且事实上条件也不允许。于是他问我为什么不允许呢？

我就说，第一，家父是个军人，薪水很薄弱。其次，我又是独子，所以我觉得自己对家庭的责任很大。我在工厂当工程师，一年的奖金超过我父亲一年的薪水。你要知道，当时的台湾地区是世界纺织的大本营啊。我做布料那一块，真的是一天24个小时都在忙，所以奖金自然就多。

我讲话很坦诚，也没什么顾虑，我说自己宁愿多赚些钱给父母。因为是独子嘛，所以真的没有这个能力，不考虑专门学艺术什么的。蒋经国先生听完就笑了笑，还是没说什么，这就是我们的第二次见面。但是没过多久，第三次召见就来了。

刘 第三次?

梁 这一次他就直接问我有没有认真考虑过到外面去学画画。那我的理由、回答和上一次差不多。我不能实现梦想的原因其实很简单,因为我没有能力负担。可蒋经国先生对我说:"如果我支持你呢?"

我当时的想法就是,我根本没有专门学过画画,我也没有艺术院校的文凭,就算我去了,我行么?但蒋经国先生的意思就是说他认为我可以。而且在那个时候,蒋经国先生认为,我们有很多很好的国画家,然而台湾地区的油画家都是受日本的影响。他的考虑是送我出去学画画,不仅仅对我,对台湾地区也是一件很好的事情。"蒋经国先生,您真的认为我有能力达到您的期望么?"带着这种惶恐与期待我离开了办公室。没想到很快就又有了第四次召见。

第四次,受到召见的不仅仅是我了,还有我的父亲。父子同时被蒋经国先生召见,他只问了家父一句话。对,我补充一下,前一次我最后有说我自己愿意去,但我的担心是父母愿不愿意让我这个独子出去学画。我当时的意思其实就是忠孝不能两全。因为我想做孝子,于是我父亲也被找去了。

当时我记得很清楚,蒋经国先生问我父亲:"梁将军,我想培养您的公子去欧洲学画,不晓得您有没有什么意见?"我父亲当时就把脚一并,然后敬了一个举手礼,"这是我们梁家的荣幸!"

就是这样,定下了我人生最重要的一个决定——外出深造。

刘 到哪里去学习画画,是怎么决定的呢?

梁 接下来,后面还有好几次召见,第五次召见是特别值得一提的。

因为在召见的前两天,我得知蒋经国先生的生日快到了。我想,蒋经国先生相当于我的贵人、我的伯乐,送我出去这件事情已经定案了,相关细节他也在安排,在他生日的时候我自然想回馈他一点东西。那我回馈什么呢?我打算送给他一幅我临摹的画。

那是一幅叫作《灯下读书的少女》的画,是一位法国画家[①]的代表作,真迹现在在华盛顿美术馆挂着。我在去见蒋经国先生的时候,他跟我讲说他认为西班牙是一个艺术的国度,艺术传统又很深,听说他们的艺术教育也非常好。他打听了很多,所以最后决定送我去西班牙。那我当然没有意见啊,我就说,"谢谢主任"。

[①]指的是弗拉贡纳尔。

然后我才提到了自己得知了他的生日,想送张拷贝画给他作为生日礼物这件事情。那么依照中国传统,送人的礼物也就是在画上要有个红条子,我就写了"蒋主任华诞留念,晚梁君午敬赠"。

蒋经国先生看了以后非常高兴,对着画若有所思,突然之间他起身抓住我的双手,还是双手握住。那是我永远也忘不了的,那手软软的,以前我也说过。但以前是一只手,现在是两只手。他就跟我说,很亲切地说:"君午啊,我和你商量个事好不好?"他用他的宁波话和我说,我差点没听懂。他说他能不能把这张画转送给他的母亲,因为过几天是他母亲的华诞。那我说可以啊,这是我的荣幸。他说很好,那就谢谢你了。然后就立刻叫他的办公室主任把这张画拿去,把那个红条子改了。改成"母亲,多少多少华诞……儿经国叩上。"于是这张画就被转送给了宋美龄女士。

谁晓得,四十多年后,有一次我到美国的California(加利福尼亚州),去我内弟家里,在San Francisco(旧金山),他放台湾地区公视的录影带给我们看,片中有一段叫作"世纪宋美龄",就是《永远的蒋夫人》那一段纪录片,大陆中央电视台也有播过好几次。它有四集,当它播到第三段或者是第四段的时候,它讲到了士林官邸。它是这样说的:"士林官邸,蒋介石总统与宋美龄女士晚年是分房而睡的……"然后中间有一个镜头就切到了他们的起居室。"夫人一般就在起居室作画……"然后它的镜头就往上移,移到了一幅画,旁白是,"这是夫人一生中最爱的一张画。"我当时就从沙发上跳起来了(梁老师在说的过程中也非常激动,差点从沙发上蹦起来。)因为这就是我的那一张画啊!原来在这里。所以这个故事真的很感人,我当时身上的汗毛都竖起来了。

刘 真的是传奇啊!

梁 传奇还没完。

最近,我回到台湾,我就一直想见这幅画。这里面又有一个故事。当时知道这件事情以后,我回到台湾就真的很想去"士林官邸"看这幅画。结果那个时候士林"官邸"二楼不对外开放,接着得知一会儿是台北市"政府"管,一会儿是台北基金会管,我也搞不清楚,我也不愿意去找关系去说给我个通行证,没有这样子做。直到2014年上半年,有一天,我遇到台北"文化局"的参事,闲聊中谈到这个事,然后他说,"这样子啊,那我来安排一下",没想到第二天他就请我去了。

当我一走进士林"官邸",就看见所有士林"官邸"的义工都在那边等我,他们说

梁君午临摹画《灯下读书的少女》。

梁君午访谈录

他们找了我好久。因为他们一直都以为这幅画是夫人从大陆带过来的一幅来自欧洲的油画,而不知道是一张铅笔画。这幅画一直挂在夫人的卧室,夫人每天早上起床、晚上睡觉之前都要看这幅画。后来夫人过世,他们就很想知道这幅画是哪位欧洲画家画的,结果仔细一看,发现"Liang C.W."的签名,画后面还有个刀子刻上去的名字——君午,他们就想到可能是梁君午。然后他们就开始找有没有这么一个人,结果上网一查,梁君午果有其人,而且这个人正在台湾东海大学艺术系做讲座教授。所以他们马上打电话给东海大学艺术系说要找我,结果被告知梁老师已经离开了,可能回西班牙了,也可能回上海了,所以当时他们也没能找到我。现如今是我自己找上门,所以他们很兴奋,后来他们也晓得了这幅画的故事。

蒋夫人是一个很喜欢画画的人,她的艺术造诣也非常深。后来我知道,夫人非常喜欢我的作品。但是当我知道蒋夫人喜欢我的作品的时候,当知道她一生最爱我的作品的时候,对我来说,为时已晚,因为她已经过世了。如果我能早点知道,我一定会飞到纽约去。对我来说,除了蒋经国先生以外,蒋夫人也是我的伯乐,更是我的知音。她一直对我的艺术生涯非常关心,这是我最感念的,也恰恰是最遗憾的。

我问陪同我参观的工作人员他们是如何得知这是夫人最喜欢的画,他们告诉我为了求证,他们问了很多侍从和住在官邸的随从人员,他们异口同声地告诉我们这是夫人最喜欢的一幅画。所以我们现在去士林"官邸"的时候,以前这张画边上的标签上写的是"这是夫人一生最爱的一张画",现在这个标签上写的是,"这是夫人一生最爱的一张画,是他的儿子蒋经国先生赠送给她的生日礼物,作者是梁君午先生"。这幅画中有另外一层意义,蒋经国对她的母亲是非常尊敬的,他非常爱他的母亲,并非外界谣传的母子不和,诸如此类。

"文章有魂,书画有灵;文章以理让人归正,书画以情让人归真。蒋经国孝亲之情,宋美龄惜画之情,让人领悟地位再高、权势再大之人,也能归于真情真性,即为归真。"这是台湾地区作家白衣先生的一段话,我觉得他对我的这幅画的理解正是我心中所想的。

刘 很美好的传奇。回到当时,出去学画的事情最后怎么定下的呢?

梁 都是蒋经国先生的安排。我当时的想法就是,在毫无把握的状况下,就试着出去闯荡两三年。当时的思想真的很单纯,也不太成熟,想着插个班,念两年我就回来了,也有所交代了。并且蒋经国先生也没有任何坚持,他就说好。

事实证明,后续发展和我当时的想法完全是两码事。

赴西班牙学画

刘 您去西班牙以前,还是考虑未来继续从事现在的工作,画画在当时还不能被您列入人生目标,是吗?

梁 对,我没想过。蒋经国先生跟我提过,问我有没有要成为一个职业画家的想法。当然,我认为我自己根本没有学过画嘛,我去当然说是去深造啊,学点东西回来。甚至我都做好了学不成回来的最坏打算:觉得就算一流大学教不了,去那些差一点的学校上个课还是可以的。这样子改变下人生方向,也没有什么不好。但我还是要考虑到的一点,做一个老师和做一个工程师,这报酬可不太一样,这里边差别还是很大的。

我这个人也是有话直说的类型,很简单。后来听说,蒋经国先生倒是蛮喜欢我的这种真,这种不成熟的率真。

刘 如果请您来形容一下您即将去西班牙、踏上这个旅程时候的心情,您会用哪些词汇?

梁 惶恐吧。你要考虑到一点,我不会西班牙文,我没学过一天画,要去一个完全陌生的地方学画,该怎么学,我真的是什么都不知道。我只是觉得自己画得不错,那既然有这个机会,你说我兴不兴奋?我当然兴奋啦。但是,要说我是不是看到了自己未来的辉煌什么的,那真的是没有。我真的是抱有一种惶恐的心踏上旅程的,甚至于在登机的前一天晚上我还在和我父母亲讨论我真的要去吗。我不笃定,我惶恐。而且,现在回头想想,觉得自己那个时候也不够成熟。二十年来都是在往理工的方向按部就班地走,突然之间让我改变了轨道。当时人们出去基本都是留美、去加拿大,而我却是往欧洲走,所以我是非常茫然的,有些不知所措。

刘 从您和蒋经国先生第一次见面,到您踏上西班牙的土地,这中间隔了有多久呢?

梁 也不过几个月时间,很快,很快就做了决定,然后就走了。当时蒋经国先生给我这个机会的时候,我深感荣幸。所以当蒋经国先生决定让我出去后,最开始我的心情一直是很兴奋的,而且我也觉得自己好像是那么块料。于是我就在踏上旅程前,去买了些书籍,开始去研究这些世界级的大画家。

你不要笑我哦,我对美术是很感兴趣的,但是我对艺术史知道得并不多。什么解剖学那种我通通没学过。一个工科的人的脑筋是很死板的嘛,你知道,我们就是 1+1=2 的思维。然后突然之间,要到一个充满幻想、充满不确定性、充满了浪漫气息的地方,所以就必须要改变。蒋经国先生对我寄予厚望,我也是跃跃欲试。可是真的到了要出征的那段时间,我又有些裹足不前了,万一学不出来怎么办?后来我觉得还是认命吧。

所以,我想也许这一切就是缘吧。当时也安慰自己,管他呢,去个两三年,尽力而为,学不出来,也希望蒋经国先生不要失望,哈哈……

刘 当时您拿的是奖学金去的?

梁 当时是这样子,西班牙和美国不太一样,因为当时台湾地区和西班牙有"邦交"关系,所以西班牙每年给台湾地区 1 - 2 个名额的奖学金。所谓奖学金其实只是免费吃住的奖学金,就好像今天来苏州大学,苏州大学有学生宿舍,还有食堂,你只要拿到那封信,你吃住是统统免费的。学费也不需要,都是这个奖学金赋予的。

但是,学艺术,开销很大啊。所以怎么办呢,当时蒋经国先生就拍了电报问台湾地区在西班牙的"大使馆",说一个艺术系的学生来西班牙学画一个月的零用钱大概是多少呢,当时他们实在是不够意思,(笑)他们报过来说是每个月给我 50 美金就足够了。50 美金,我还要买纸、买笔、买颜料,还要坐车,事实上是不够的。反正最后我拿的是两个奖学金,一个是西班牙奖学金,还有一个就是所谓的蒋经国先生的补助。这里我得补充一下,虽然这 50 美金拿到手里,我觉得是很少,但也无话可说。可是直到近两三年,我才得知了一个秘密。

大家都知道,宋楚瑜先生曾经也是蒋经国先生的秘书,大事小事他也都经手过。我前几年碰到他,他说我告诉你一个秘密,我就问他什么秘密,他就很神秘地说,你绝对不知道这个。我就问是什么,他说你那 50 美金是经国先生从他自己每个月薪水里扣出来给你的。(梁老师声音渐大,声音哽咽)我当时眼泪就出来了,我说你为什么不早讲,他说他也是后来帮蒋经国先生整理东西的时候才知道的。你想想看如果我知道……我现在想想我都想流泪……那个时候如果我知道的话,我真的要好好去抱抱蒋经国先生。真的……太……他……他过得生活真的是很清苦,他自己家里面也是比较节约的,从来不铺张浪费,竟然从每个月的薪水里扣50美金给我,整整六年。

刘　六年?

梁　六年!所以说这一点我非常感激他。在我出去留学之前,我和蒋经国先生还有一件很有意思的事情我之前没讲。那就是我和蒋经国先生留下的一张合影。为什么说很有意思,因为之前他召见我那么多次,一次都没有和他合影过。蒋经国先生的习惯也是这样,不怎么和人照相的,而且也不是很喜欢别人说"我能不能和你照个相"这种,因为他会怕你拿他的照片去干什么。可就在我9月份离开台湾地区的时候,在松山机场,我和蒋经国先生留下了第一张、也是唯一的一张合影。

那一天我很兴奋,因为我当了主角,突然就发现我很重要,感觉我这个人还不错,因为我台北学校的系主任、教授、同学、工厂的工人、工头,还有亲戚朋友,浩浩荡荡一大批人都一起赶到机场送我。所以当我确实要离开的时候,我真的跟你讲,我不想走,突然就好伤感。可我只能向前走,不能回头。

当我走到停机坪前面,以前没有那个空桥,所以是走过去。走着走着,我突然就听到一声"君午",回头一看,是蒋经国先生。我当时就说,蒋经国先生您怎么来了,蒋经国先生只是看着我笑了笑,他说"你今天走啊?"我说是的。然后他用宁波话嘱托我好好地学。突然,他又问我要不要一起照个相,我说当然好呀,太好了!蒋经国先生身边没有摄影师,然后他问我亲戚朋友有没有人带相机,我说有啊,就招呼还在上面不断向我挥手的表弟下来,顿时停机坪就热闹起来了。于是我们留了影,当时我还戴着花环。在那以后,虽然我们还碰过很多次面,但是再也没有合照过了。所以,我这一生就只有这么一张和经国先生的合照,这一张照片非常非常珍贵。

这里有这么一个插曲,所以说我出去,能不好好学么?蒋经国先生有一个非常了不起的地方——他很惜才。而且种种细节都能够表露出来,他总是在那个最重要的、最感人的时空点出现。就像我们平常说的,天天说我爱你有什么用,只需要小小一个表示就足以让你热泪盈眶。

绘画，原来是这样

- 老师问，你学过素描么？我说 NO！你会画碳条画么？我说 NO！然后他又问，那你会画大理石石膏像么？我的答案一样。
- 到了放榜那天，我去看榜，我的名字当然在上面，我非常兴奋，因为我破了一个纪录。
- "不要忘记你是中国人，不要忘了你们中国人最讲究的意境"。

刘 刚刚踏上西班牙土地的时候,你的感觉是什么样的?

梁 嗯……我跟你讲,很好笑。我现在跟你说的是1967年的欧洲。没去之前,对我来说,西班牙的女孩子就是跳弗朗明哥的,西班牙的男人大部分都是喜欢斗牛的,当然肯定也有穿着普通的市民,但我的印象里西班牙的民族特色很浓,因为一讲起西班牙,别墅啦、红瓦啦、白墙的建筑啦……我觉得自己要去的就是这么一个热情洋溢的国家,还是很兴奋的。

我去的路线是从香港地区到印度,从印度到以色列,然后从以色列到罗马,在罗马住了一个晚上最后才到马德里。我从马德里机场进入到马德里市区的时候,发现跟台北没差别啊,都是高楼大厦,对!我看不到一个穿弗朗明哥的女孩子。这,就是西班牙。

刘 到那后,很顺利地就安定下来了?

梁 我被安排进了一个大学生宿舍。可是你们对大学宿舍要有一种观念,在欧洲,那个时代念大学是一件很奢侈、很高档的一种生活。我们的所谓的大学宿舍,吃饭是有waiter端盘的,我的床单是有女仆洗的,地板是有女仆拖的,进餐需要穿西装打领带。我当时待的东方书院宿舍还不算是最高级的,有两人一间,最多三人一间。后来我住的书院那可是一人一间的套房。这就是带有欧洲传统思维的生活,我在西班牙的故事也就此开始了。

在马德里,有一个学习石膏素描的学校,是私塾性质。它相当于一个先修班,每个想要考皇家艺术学院的学生都想在这个先修班里上课。因为在这里教画的老师,和那个学校的老师或多或少有关系,且每年录取的学生,十个有八个都来自这个先修班。所以它很权威,但是,学费也很贵。对我来说,那个学校太豪华了,我负担不起。虽然有点气馁,可是后来我打听到有一个公立学校开设了一个特别班,也同样开设了大石膏素描的课程。所以从10月份开始,我就进入了马德里艺术工艺学校,专攻石膏素描,在那里我学了大概七八个月。

初到西班牙，一下子颠覆想象

刘 那段时间的生活都是怎么过的？

梁 因为不会西班牙语，西班牙的语言学校都是晚上六七点开始上课，所以我晚上学语言，早上去工艺学校学素描，下午呢，就会跑去看那些三流戏院的非常便宜的电影，两场一起演的那种。看什么？美国西部电影啊。所以我最先学会的西班牙文就是手枪啊、手举起来啊这些枪战片里的台词。看电影，是为了学语言，顺带你又能练习听力。

在我到达西班牙一两个月以后，正式开始学素描时，发生了一件令我终生难忘的事情。

第一天去工艺学院报到时，我不会西班牙文，而我认识的大部分西班牙人英文也是不太会说，所以老师上课我就听不懂。当时勉强找到一个女孩子，会一点点英文，我就请她帮助我。老师问，她翻译，我回答。老师问得很简单，你学过素描么？我说NO！你会画碳条画么？我说NO！然后他又问，那你会画大理石石膏像么？我的答案一样，还是NO！结果那个老师就笑一下，让那个女孩陪我下去。

当时艺术学院都有一个福利社在楼下，专门出售一些美术用品。女孩帮助我买了一张4开或者2开的纸，买了根碳条，买了块橡皮。上来我也不知道干什么，老师就让女孩领我坐到一个地方，我抬头一看，"我的妈呀！"，我也上过美术课，石膏像再怎么样它毕竟是个头像，但我面前就是一只耳朵，感觉像是给小孩子画画的。我当时很沮丧，你说我飞了一天一夜，好不容易到了书院结果就是来画一个耳朵。我跟你讲，我当场就流泪了，我觉得自己怎么这样差呢。我再看看身边的学生，都很年轻啊。可是老师叫画，我该怎么办呢。我咬咬牙就坐下来了，勉强开始画那个耳朵。隔了半个小时左右，突然有人拍了拍我的肩膀，我回头一看，是那

1967年梁君午摄于马德里大学城前。

个老师。老师对我笑笑,他说"你画的太好了!这样怎么是没学过呢?"我说,"我就是没有学过啊"。于是老师又让那个女生带我下去,这一次把我身上的一点钱全花光了,买了全开的英格列纸,全开的素描纸,还有好几根碳条,还有纸笔,然后我上来了,他就让女孩带我去了另一个教室。

当我走进那个教室的一刹那,我跟你讲,我眼泪唰地就到这里了(脸上的酒窝处),我又有点想哭了。为什么?面对我的全是两公尺的石膏像,很大的石膏像。我再一看旁边,那些素描画得是真好啊!对我来讲,那些作品都是大师级的,但都是学生画的。我直到后来才晓得,这个班就是真正的皇家艺术学院素描先修班。我在半个小时之内从地狱到了天堂!那是我一生最重要的一刻,那一天我很兴奋。等我回到宿舍,同学问我画得怎么样,我说我画给你瞧瞧看。

因为那半个小时,我的人生整个儿就变了,我的自信来了,我就凭一只耳朵能够跳到那个班。当时我还不知道,也是后来才知道的,人的五官里最难画的其实就是耳朵。这样子我就开始师从这个老师,大概跟着他画了三个月。我的第一张画结束的时候,我发现自己差旁边的同学很大一截。我说这不行!我就跟那个老

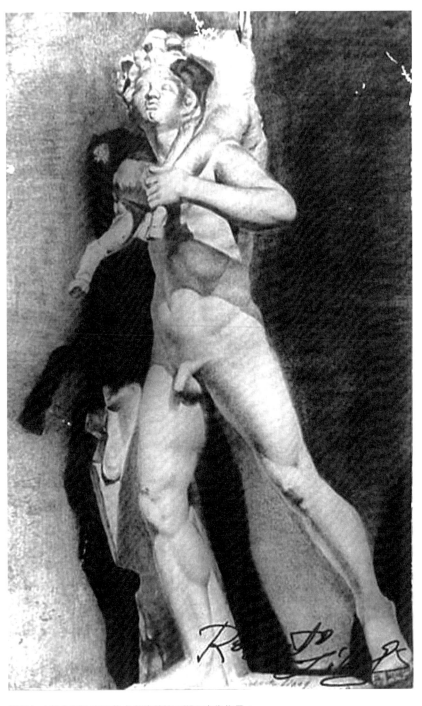
梁君午未考入圣法南度艺术学院前的早期石膏像作品1。

梁君午未考入圣法南度艺术学院前的早期石膏像作品2。

师说,我下午继续来画可以吗?他说没关系啊,你就来吧,他于是跟另外一个老师讲了一下,我就下午也继续画。这样子大概又画了三四个月,又发生了一个故事。

有一天黄昏的时候,有一个身上味道很香、白发、胖胖的老师来到我身后,那时候我西班牙语已经懂一点点了,他当时对我说话的大概意思就是我画的素描很有个性,然后他就问我有没有兴趣跟他学,他说他是晚班的老师。然后我看他教的学生都画得很棒,所以我欣然答应了。这样我语言学校也不去了,每一天对我来说就是不停地画!画!画!这样的日子大概持续了两个月左右。

刘 这还是先修班,还没进入正式的皇家艺术学院,这段时间持续到什么时候呢?

梁 就是这么画着,一晃,六月了。1968 年的 6 月,也就是皇家艺术学院的入学考试时间。我报名了,总共大概有六七百学生报名,录取 30 名左右。我们的考试持续了整整 15 天,15 天只画一张素描,全开。规定很严,纸的上面留两公分,下面留一公分,石膏像的头的顶点距离纸的顶点两公分,石膏像的底座距离纸的底线一公分,所有纸都要涂满,构图不能有任何错误。15 天的时间,每天画两个小时。当我们考到第 10 天的时候,人家说录取名额已经少一个了,因为他们觉得我已经占据了那个名额。老实说我当时也觉得自己画得不错。

到了放榜那天,我去看榜。我非常兴奋地看到了我的名字。我破了一个纪录,成为一次性考上皇家艺术学院的中国学生。

当我看到那个白发、胖胖的老师远远站在那边,我非常激动地跑了过去一把抱住他说我考上了,结果老师就是拍拍我,说的大概意思就是"我知道,我知道你考取了,恭喜你啊,好好地学!"然后他就走了。等他离开后,我的同学就问我,你认识他吗?我说我当然认识他啊,我的老师嘛。结果我同学说,你知道你的老师是谁吗?我说我不知道啊。他就告诉我说,你的这位老师就是马德里圣法南度高级艺术学院的素描讲座教授——Pedro Mozos,也是入学考试的主考官,西班牙素描讲座的第一把手。我的恩师,那个晚上下了班还让我跟着他学画的那个人竟然是西班牙素描绘画大师。我当时真的不知道他是谁,等我考取我才知道。我的妈呀!所以那一次我非常非常震惊。我正式进入学校以后,一年级的素描就是他教的。

刘 他是对你影响很大的一位老师?

梁 我的一生里面有两个老师对我影响最大,其中一个就是他——Pedro Mozos。他是我的恩师,是我的恩人。我和他的这种邂逅是很传奇的。

当时大家都认为一个从未学过画的我想要一次性考取皇家艺术学院,那是天方夜谭,所以我考取的时候,大家都大吃一惊。考上以后的第一件事就是马上写信给蒋经国先生告诉他我考取了。经过这段时间的沉淀,我对自己、对绘画、对艺术都更有信心了,萌生了完成5年艺术课程的想法。我把这种想法告诉了蒋经国先生,蒋经国先生回信说,"没有问题,我全力支持"。

离九月开学还有两个月,来了欧洲自然是要去看看各地的博物馆、美术馆的。旅途需要经费,可没钱怎么办,于是我就起了暑期打工的念头。

欧洲打工记

刘 旅游顺带赚点零用钱?

梁 嗯。多看看多走走,这个对年轻人来说是最实惠的,对不对? 不是有句话这样说吗,读万卷书不如行万里路。尤其是那个时候,难得出去一趟,又去了欧洲,谁不想到世界艺术的首都巴黎去看一下呢。再加上当时有一个政策,每年暑假的时候,欧洲各国都会给大学生提供打工的机会,所以当时我和一两个中国同学商量,最后就选择了去英国短期打工攒点费用。短期打工,原则上是一个月。干什么呢? 就是去乡村里做些农活,拔葱、摘番茄、采扁豆。

我们大概是七月中旬从马德里出发,坐火车去英国。穷学生嘛,出行只有两种可能,一个就是坐火车,一个就是坐 bus。当时我们选了坐火车,但大家可以想想从前,没有高铁的时候,大陆同胞是怎么回家乡过年的。我们就是那样子走啊,走了差不多二三十个小时,走了一天一夜。马德里在西班牙的边境,火车轨道不同要换车,然后再到巴黎,巴黎出来以后再要到另外一个站,总之真的是一路颠簸着过去的。

过了英法海峡,我们先到了伦敦的维多利亚车站。当时已是黄昏,所以决定留下来住一个晚上。没钱,两个同学凑一下,一晚上两英镑,每人出一英镑。我们是两个男生住,当时英国很有意思,你一男一女去住房间,没有关系,很正常,管你是 lover 啊还是情人啊还是真的夫妇,随便住。但是两个男人住同一间房,倒是很奇怪。所以我们得和老板解释,我们是学生,身上没钱,最后才肯让我们住下。第二天一早,我们就匆匆赶去了英国的一个小镇。

刘 这样子,过得一定很艰苦的吧?

梁 我跟你说啊,那个时候正是巴黎五月风暴的时候,当时很多东欧学生和我们

1968年伦敦桥城堡下的梁君午。

一起在打工。他们比我们更穷,我们是从中国台湾去的,那时候台湾地区人还会做一些中国的工艺灯啊什么的拿去送人,他们觉得很稀奇,回赠给我们的,就是现在连你家狗都不要的塑胶小鞋子啊什么东西的。我的意思是说,大家都很苦。我们住的房子是一个木板房,每天五六点钟那些工头就拿钉锤"吼邦吼邦吼邦吼邦"在那边敲,叫我们起床。吃的是英国人最爱吃的土豆,但很难吃,因为一直吃那个。每天就是土豆、豌豆,然后一小片肉再丢两片土司,非常简单。不过那个时候也无所谓,年轻嘛。每个礼拜五领薪水,双休就出去玩。

我们学生出去都喜欢搭便车。我有一个优点,就是穿着很整齐,不是牛仔裤啊、T恤啊,邋里邋遢的那种,我都穿得整整齐齐、干干净净,所以我每次都容易搭到便车。我有一个习惯,一直维持到现在,就是随时带着本速写簿。所以双休,不管我去哪,我都会写生。其实我在英国的那段时间也没有受太多苦,反正每次写生,画到一半总有人过来问我,"10英镑?""5英镑?"所以我还能赚到一点零用钱。

打工那一个月的薪水才攒了15英镑,拿着这一点点钱,我们离开了那个小镇,开始了在伦敦的徒步旅程。先说说住宿问题,我们住的学生宿舍在伦敦的SOHO区,很简陋,最好的房型就是双层铺统舱。其实那个应该叫作三层铺。Check in以后,每人发一个游泳的气垫,为的就是没有位置的时候你还可以睡在床底下。理所当然的,我第一天晚上就是睡在床底下的。第二天有人走了,才赶快占一个位子,先睡下来。先睡到一个上铺,直到第三天,才真正睡到了所谓的下铺。还有,伦敦的交通工具都非常贵,所以我在那边一个礼拜,参观美术馆、博物馆,全部是用走的。可以说,伦敦我是走出来的。

刘 "走"出了什么故事没有呢?

梁 在这个走的过程里呢,有一个故事很值得一提。

伦敦有一个特拉法加广场(Trafalgar Square),我们每天都会经过一个转角,这个转角我一开始没有注意,大概在第二天或是第三天我就注意到了。当时正是一个反战时代,嬉皮在美国、欧洲十分流行。嬉皮,我感觉就是到处流浪,男人们一个个都留着大胡子,衣着邋遢,有些女孩子挺漂亮的,但不清楚为什么也喜欢搞这种流浪,也许是对社会失望的一种抵抗方式吧。就在那个转角处,有一对嬉皮型的街头艺人,在地上画着粉笔画,如果路人觉得不错就会丢硬币给他们。

1968年伦敦维多利亚车站前正在速写的梁君午。

1968年梁君午在伦敦特拉法尔加广场为嬉皮夫妇绘《圣婴图》。

我还记得很清楚,他们画的是拉斐尔的《圣婴图》。跟你讲,画得实在是不好,所以那两个人每天就饿着肚子在那边画。

有一天大概是黄昏,还下着毛毛雨,我实在是不忍心,就走过去跟他们说,"我来帮你们画画好不好",他们说好啊。你想啊,我画这种粉笔画,copy 名画,我经验十足啊,所以大概给他们画了半个小时以后,我就听到后面"叮铃铛啷"的声音,有铜钱不断丢下啦。当我画完的时候,转头一看,好多钱。那两个人非常高兴,把钱收起来,拉着我一定要和我共进晚餐,他们说已经三天没有饱餐一顿了。然后我们就去了边上的一家便宜的学生餐厅,吃了一顿饱餐。结果那个男的和我很严肃地提出,希望我能够成为他的 partner,让我和他们一起流浪,这样的话大家都可以过好的日子,甚至他还说允许我共享他的女朋友。当然,我没有答应,但这个经历让我感触很深。

艺术不能够给你足够的面包,可是有的时候你也不缺这个面包,还是有很多种选择的。我最后跟他说"承蒙你看得起让我做你们的 partner",但是从第四天开始,我都是绕道而行的,就再也不从那条路走了。因为我怕他来抓住我,万一他和我说他吃不饱饭怎么办。这就是中间的一段插曲,在英国的 Trafalgar Square。

紧接着,我离开英国后,经过比利时,到了德国,然后从德国又回到法国,最后回西班牙。我这样走了差不多一个多月,这一个多月对我影响最大的就是我看遍了各国的美术馆。这是在我入学前的经历。你想,还没开课,我就已经看了那么多大师的作品了。

梁君午(左一)在 DYC Dhisky 酒厂前写生。

人生第一课

刘 回来以后,正式开学了。那么学习生活又是什么样子呢?

梁 一年级的时候,就是我的恩师 Pedro Mozos 给我们上石膏课,做石膏加各种素材的一些练习,比如说石膏上加个木头等。这里面有一个故事很重要。

有一天,我自认为我的石膏像画得非常完美了,有一点自不量力,就叫老师过来看我画得怎么样。因为我认为自己画得很棒嘛,所以请他来看一下。他就过来了,看了一下,他说:"嗯……画得很好,把你的那个抹布给我。"我就给他了。他就拿起那块布在我的画上轻轻弹过去,后来他说,"不要忘记你是中国人,不要忘了你们中国人最讲究的意境。"那个时候我马上就愣住了,"哦,老师原来让我记得我是一个中国人"。

好吧,既然他要我去找意境,我就开始去研究他到底要我找什么。一直到后来,我才晓得,在对立的状况下要先讲究一种和谐,和谐之后再讲究一种分割,也就是我在课堂上所讲的,"你心中有我,我心中有你,最后你还是你,我还是我"。这句话就是从那个时候开始,深深地印刻在我脑海中的。一直到今天,我教我的学生,说的还是这几个字。从此以后,我就从素描这种形象的写生改变成一种意象观念的提升,进入到另外一个层次去了,这对我现在教学生也是一个很大的帮助。

刘 看来,您对学校课程与老师都非常满意?

梁 圣法南度高级艺术学院的课程设计非常完美,一、二、三年级都有专属的分类课程。

我二年级学油画,人物油画。当时教我的老师是一个表现主义者,叫作 Quijaro。他的绘画充满了色彩感,笔法非常大胆。在他的课上,他允许学生尽情地发挥。三年级,当代绘画大师 Echaus 成了我的老师,他的画教的就是抽象,用

与恩师 Pedro Mozos 的合影，左起三为 Pedro Mozos。

图案去表现前卫思维。第四年，学校又开始着重培养我们怎样画速写，怎么画动态素描，是由校长 Galindo 亲自带领。这位 Galindo 老师，他教素描是特别有一套的，他特别容易也就能带起学生们的激情。我现在上课，同学们对人体素描、速写似乎都十分热爱，我想我应该是受到了这位老师的启发。

还有一位校长 Julio，他教的是全校最头痛的一门课，叫作投影几何。这门课和工学有关，和理工科有关，就是教你当物体受到光线投影后它的各种变化应该怎样表现，且这个投影不一定是在平坦的地面，也有可能是在斜坡，所以，这门课非常难。但因为我是理工科毕业的，所以我上起来可以说是驾轻就熟。因此，在班上我的成绩名列前茅。这个老师就发现了一个很奇妙的地方，那就是往往有些解题的方式，我和他走的方向不一样。我是用数学的观念去解，他用图形的观念去解，可恰恰是在这种来回切磋的关系中，我发现了数学与艺术关系的奥妙。

所以说，在我的学习生涯中，每一个阶段，都有在某一领域特别突出的老师来指导，我的成长和每一个老师都分不开。

刘　能举个例子吗?

梁　有一位老师,叫作 Antonio López。他算是世界新写实主义之父,在世界写实里面他是第一把交椅。他也不过比我大六七岁,但这个老师很有意思,他这一辈子就教了 2 - 3 年的书。有一个观念,我们在大陆和在台湾地区都不太了解的,在欧洲,一个职业画家的地位是要远远超过一个教书教授的。所以只要能够成为一个职业画家,能够以职业画家这个身份谋生,本身就是很光荣的一件事情。

那个时候,Antonio López 已经小有名气了,但他还需要一个教师的身份来作为谋生的工具。我记得很清楚,他那个时候开一辆破破的车,那种车我们称之为"寡妇车",意思就是那个车子绝对不能撞,一撞它就会散掉。他喜欢穿着风衣,就和那个年代风靡全世界的神探哥伦布如出一辙。穿个风衣,邋邋遢遢,叼根烟,个子又小小的,根本就看不出来半点大师的样子。但是在他的课堂上,我虽然听得不是很懂,因为西班牙语不太好,但是他跟我讲过几句话很重要,他说,"画画,一定要用心去画,一定要用激情去画","物象的再现最好的就是它最真实的再现,不一定是色彩运用得如何"。

他举了个例子,如果画一堵水泥墙,如果能把水泥移到你的画布上去的话,那不是很好嘛。所以说画一个冰箱,冰箱是烤漆的对吧,你不可能拿你的画纸去烤漆,那怎么办? 就用中国漆器的观念,一层一层又一层,最后变成那种光溜溜的几乎代替了烤漆的那种感觉。他的这种具象写生的思维也影响到我。

这个老师对我影响很大,当然还有很多其他名师。这所学校的老师大多是艺术院的院士,水准都很高,各有千秋。

刘　您真是念了一所很棒的学校,遇到了好老师。

梁　现在让我回忆,我真的感觉时光倒流,好像又回到了那个时候。我念的圣法南度高级艺术学院有一个特征,即它是以培养职业画家,也就是在艺坛能够出头的画家为原则的,因而它的师资非常优秀。除了我之前提过的,几乎每位都是大师级的人物。

这里我要提到的是一个很特别的老师。他的名字叫 Francisco Nieva[1],现在

---

[1] Francisco Nieva 很年轻时就进入圣法南度艺术学院就读,后赴巴黎多年,著作丰硕,集作家、戏剧家、画家、舞台剧场家于一身,是西班牙 20 世纪最重要的剧作家,同时也是西班牙皇家文学院院士。

与恩师 Antonio López 的合影。

他大概快 90 岁了，但依旧是西班牙画院在任的一个院士。同时，他还是西班牙的戏剧界泰斗，第一把交椅。当然他本身画画也是画得非常好，所以很多剧院，比如说歌剧院、戏剧院等，它们的壁画都出自他之手。他对我的影响非常大，在我上教授课程即最高年级课程的时候，他曾经带领过我一年的时间。在他身上，我学到很多东西，其中最重要的一点就是他教导我说："戏剧也是国际的！既然你来自东方，何不把东方的戏剧作为你画作的一种延伸呢……"他知道我们中国的平剧，所以受他的启发，后来我想到一出有名的京剧——《四郎探母》[2]。于是我就把当时争战、公主这些题材做成我舞台设计的题目，老师就觉得很好。可以说，这位老师的思维非常超前、前卫，我们当时讨论的结果就是用替代物来做设计。什么意思呢？就是我的舞台布置都是从出售破铜烂铁的那些店里去找材料，我用到的很多

---

[2]《四郎探母》讲的是北宋与北方辽国交战中，杨家四子被辽擒获，隐姓埋名，因一表人才被招为驸马。十五年后，杨母带兵驻宋辽边境，四郎思母，欲前往探望，无奈将实情告诉公主，得公主相助，盗得令箭过关，赴宋营探母、妻、兄弟。黎明，四郎允诺返辽，辽太后得知后，欲斩四郎，公主求情，得以赦免。

东西,譬如拿煤气炉的火嘴做一个圆的盾牌,或者使用一些已经废弃的金属旗杆、石膏啊诸如此类的小东西,最后成果就是做出了蛮特别的且充满前卫思维与观念艺术的一个设计。21世纪所谓的复合素材是我们那个时候已经在做的一些东西了。我举这个例子,想要说明的就是,这些老师,不仅仅是 Francisco Nieva,他们的思维都十分超前,当艺术的潮流还未席卷而来,他们已经告诉学生大可放开胆子去尝试了。

刘 这些老师的艺术观已经深深影响了您。

梁 我这里再提一个老师,就是我的解剖学老师 Guro。我在解剖学这门课上得到的分数可以说是前所未有的。说出来你们也不要笑,当时解剖学这门课满分是10分,即我们理解的100分。而我的习作拿的是120分,竟然超过了100分!这个解剖学分为学科和术科两部分。关于学科,我觉得现在这些艺术学院的学生可以理解,光是背那些骨头的名称就快背死我了,非常痛苦。而且我当时二年级,西班牙语还没有好到让我背这些术语都完全没有一点问题。但是说真的,这些老师真的很好。他就和我说你只要把那些骨头的名称背下来,至于说明,你就可以用图解的方式。就是说如果我说颈椎的第几节那个脊椎骨的构造是一个菱形,如果菱形那个词我不会拼,只要画个菱形的图就行了。如果我说脊椎骨它是有伸缩弹性的,只要画个箭头表示上下,他就能知道我的意思而且还能给我分数。所以我这个样子考下来,他还给了我60分,再加上我的术科123分,那平均下来我就拿了90多分。

正是因为有这些老师的帮助,我一个西班牙语都不太会说的中国学生,才可以拿到全班第一的荣誉注册成绩。荣誉注册成绩意味着我下学期注册的时候是免学费的。我说这个,就是想和其他做教学的老师分享一个观点:一个老师,应该要有自己的看法,要知晓如何教导他的学生。Guro 老师对我影响很大,他让我感觉,我连解剖学这么难的科目都可以拿到高分,那我画人体应该更有把握。

再说到我的人体素描课,我为什么这么喜欢人体素描课,是有原因的。当我毕业的时候,我发现我有很多作品交出去都没有还回来,后来去问老师,老师才告诉我已经被学校收藏了,这对我来说是莫大的荣幸。再过了几年,台湾地区有些学弟学妹们去西班牙留学,竟然在上课的时候发现打出来的幻灯片上,作为教学教材的范例里有我的画作。所以说,老师们非常有心,不单单收藏了我的画作,还将它做成了幻灯片课件以供后来的学生学习。对我来说,真是三生有幸啊!再后来，我去和学校的老师谈了一下，因为他收藏了 40 张嘛，我想说能不能请他还我 10 张。然后，他还了我 10 张，至今这 10 张作品还在我的手里，我珍藏着。我觉得作为一个来自中国的外国学生，我的画作竟然能够出现在这所拥有如此悠久历史的艺术学院的课堂教材里，这是令我无比骄傲和欣慰的。

刘 这是对您功课的肯定。

梁 嗯。还有就是一个叫作 Viasenol 的老师，他是教材料学的，他是西班牙最有名的壁画、干壁画教授。他教我们如何使用材料，譬如说怎么样画胶彩画，怎么样画淡彩画，怎么样画亚克力彩画……就是说我们现在开始注意的材料艺术这种观念，我在 1969 年、1970 年的时候就已经接触到了。每个礼拜都有课，一上就是一年。

我着重反复提到这些老师，就是想表达，如果我们想要培养一个专业的艺术家，那目前这种课程的编排是不是要做一种整理，是不是可以看看国外的课程是如何编排的。你们觉得我画画画得很好，但你们其实不知道我也会雕塑吧。我学过雕塑，只是后来没有走这个专业道路。所以我可能不是大师，但我能说我懂雕塑，这就是一种艺术的通识教育。我也选修过版画、水彩、粉彩等，我这里是随便提了几个例子，就是想说，今天我之所以学的还算周全，就是所有东西都差不多学到一点，这和所有老师的教导是分不开的。特别提出来就是想说，做学生的十分感谢这些老师那五六年来的费心，非常感谢！

最高成绩毕业

刘 您是1973年从圣法南度高级艺术学院毕业,也就是说您在那个学校学习了5年。最后是以"荣誉注册"的最高成绩毕业,然后获得了国家教授资格文凭。这个"国家教授资格"是怎么样的一个称号?

梁 进入这个学校,它有一年的成绩算成绩但不算教学课程,那就是入学考。入学考这一年,成绩意味着你如果不是到了那个水准,你是根本进不了那个学校的。所以我可以和你这么说,当时考这个学校,六七百个学生我们取二三十名,最多四十名了不起了。那么当我毕业的时候,和我一起读预科班学素描的同学,有些还没有考进去。就是说他们已经准备了七八年了,但还不能入学。所以我们学校,如果你考进来了,你的底子起码就是那种水准了,我们入学以后都是被这个学校以一种培养职业画家的思维来培养的。

一、二、三、四年级,我们的课程很多,很密集。譬如每天早上从上午九点上课到下午两点,这里面有5小时,然后午饭是2点开始吃,下午从三四点开始上课,然后上到晚上六七点。每天如果上午是油画,那下午就是素描,如果上午油画上了3小时,那剩下的2小时就是辅助课程,诸如解剖学、色彩学、艺术史……你可以看到这四年,我们课程的编排就是让你涉猎了所有的绘画形式,但是在那之后就会将你分开。如果你要做雕塑家,那你就学雕塑的课程;如果你要做油画家,那你就学油画的课程。四年密集课程下来,我素描大概画了有上千张,油画大概上百张,到了最后一年也就是第五年,我们要上的就是教授课程。当然,你要做教授,除了要会画画以外,还要懂其他很多东西。我们要懂设计、要懂色彩、要懂绘画心理,还要懂很多艺术的分析,所以最后一个课程如果你成功学完,出来后你就可以去学校做教授。

这个教授就好比欧洲的工程师,欧洲的工科学子课程是六年,六年成功结业后他们不需要去考一个工程师资格证这种东西,他们的毕业证相当于工程师的证明。你毕业后成为一个教授,那它有一个评判标准就是你教授在职多少年,然后你就可以升到讲座教授。西班牙的学制和欧美的也有所不同,我们毕业的文凭就是教授资格文凭。这个文凭不是学校颁的,在文凭上签字的除了教育部部长以外,还有一个就是西班牙国王,它属于国家文凭。

你要理解西班牙这个学校的理念,那就是培养职业画家。如若你要去大学教书,那你必须得有这个教授资格文凭。后来西班牙改制了,学习欧美变成了四年制,又有了硕士班,如果你要再进修,那么还有博士班。我讲的是我那个时候,那个学校的学制。我这样解释,你应该就懂了。

刘 如今您以老师的身份去看那个学生时期的梁君午,您会怎么评价这个学生?

梁 我觉得梁君午在做学生的那个时候,学的最多的并不是来自某位老师,而是同班同学。老师尽管非常重要,他在你身边辅佐你,但当他在教另一个同学的时候,你在旁边听,在旁边看,事实上你能学到更多。老师教给其他学生的东西,那些同学又是怎么样去把它完成,这才是我学到最多的地方。当时我们班上有30多个学生,后来由于这个学校成为西班牙最著名的学院,入学考没考进的人二年级的时候有权利选择转校到我们这里,所以有很多高手是从别的学校转来的。我们彼此之间有一个很好的习惯就是会讨论、会辩驳、会争得面红耳赤。恰恰是在这些争执中,撞击出了新的艺术思想火花,我可以从中学到相当多的精彩的思维。所以我觉得在我学画画的这段时间,同学对我的帮助是非常大的。但是并不是同学在教我,而是我们互相学习。

西班牙艺术教会我

刘 除了从老师、同学身上学到了很多以外,西班牙的艺术对您有什么积极影响?您从哪些艺术家身上获得了启发和灵感呢?

梁 我生在中国大陆,成长在中国台湾,艺术的养成却是在西班牙。理所当然,西班牙的艺术对我影响非常大。而我认为自己目前的使命就是去做这个传承。

西班牙这个国家不大,综合国力也不强。但在艺术方面,西班牙可以算作强国。从历史上最早的阿尔塔米拉岩画[①]开始一直到后来的绘画,这个国家在艺术上的建树是很深厚的。我们可以从文艺复兴开始说起。

文艺复兴时期,西班牙的国王是FelipeII,费利佩二世。费利佩二世统治时期,西班牙仍旧是日不落帝国,如今的荷兰、德国在当时都属于西班牙的领地。费利佩二世当时要盖一个夏宫——艾斯格莉娅(Escorial),为此他动用了全欧洲最顶级的艺术大师们帮他完成。有一个画家慕名前来,埃尔·格列柯(El Greco),我们叫他"希腊人"[②]。他的艺术天分很高,并且他的画风很特殊。他的画中,人体的比例不是我们一般所谓的黄金分割,不是7个半比一、8比一的那种标准希腊人、罗马人的身体比例。他喜欢把人的头部和身体的比例拉长到11个半比一或12比一。换句话说,他的画非常地修长。可是,这样的画风却不是费利佩二世所

[①]阿尔塔米拉岩画被西方人称作"史前的西斯廷教堂",位于西班牙北部桑坦德以南35公里处。壁画多以写实、粗犷的手法刻画,技法简练娴熟,具有很高的历史和艺术价值,已被联合国教科文组织列为世界文化遗产之一。

[②]埃尔·格列柯,西班牙著名画家,本名多明尼科士·底欧多科普洛斯(DomenikosTheotocopoulos),很少人叫他的本名,他在西班牙被称为外来的画家或是"希腊人"。

埃尔·格列柯。

喜欢的,所以他没能够在修建夏宫的工程中找到一官半职。就这样,他去了马德里以南约 70 公里处的一座古城——托莱多(Toledo)。托莱多是如今西班牙非常重要的一个旅游胜地。它是一座山城,本身又似一个城堡,三面环水,这一点有些类似于中国的重庆。塔霍河逶迤流经古城的东、南、西三面,环抱着半个城市。这个古城以三胜出名。第一,以铸剑出名,又名剑城。第二,它是西班牙内战中最重要的战役发生地之一,曾经发生过一场西班牙历史中非常悲壮的战役——托雷多阿卡萨堡围城战役[3]。当时率军的将军为了这场战役的胜利甚至把自己的儿子也牺牲了。这些我想姑且不谈,我们强调的是第三点。第三点就是这里曾经住过这个世界上最有名的画家之一——埃尔·格列柯。

刘 格列柯对你的影响是怎样的呢?

梁 埃尔·格列柯对我的影响非常大。提到现代艺术,就不得不提到埃尔·格列柯。他画画有个特色,他习惯先用灰色来处理,等人物造型完成得差不多后他才会用所谓的紫红、绿、蓝、黄着色。特意的造型风格,使得他的画作具有非常浓

---

[3] 托雷多阿卡萨堡围城战役发生在 1936 年 7 月 21 日,左翼联盟围攻阿卡萨堡(Alcáza),由 José Moscardó 领军的佛朗哥军队围攻长达近七十天,直到 9 月 27 日右翼联盟的摩洛哥佣兵援军抵达,才获得最终的胜利。

委拉斯贵支。

厚的现代感。而且很有意思的是,他的绘画观念与中国常说的"天人合一"非常类似,但又有些许不同。中国人说的天人合一是讲述人与大自然的关系,他信奉的是上帝与信徒之间的天人关系。总而言之,说这么多,就是想表达埃尔·格列柯在西班牙艺术界有着不可动摇的地位,甚至可以说西班牙画坛在很大程度上也受到他的影响。

刘 还有谁对您来说是非常重要的西班牙画家。

梁 到费利佩四世时期,又出了一个非常伟大的画家,叫作委拉斯贵支 velazquez(迭戈·罗德里格斯·德·席尔瓦·委拉斯贵支)。五百年过去了,可以说 velazquez 仍旧称得上是世界油画技巧最高的一名画家。同时他也是一种有名的画法——大气透视画法④的发现者。所谓大气透视画法,就是把色彩在阳光之下变化的感觉画出来,进而营造出画面透视感的一种画法。它不同于所谓的一点透视、两点透视画法,它是利用空气的密度、感觉,进而把透视感表现出来。该画法直接影响了后期的法国印象派,他们讲究的就是颜色在空气中的变化、互补色的变化之类。

---

④亦称空气远近法。

埃尔·格列柯和委拉斯贵支这两个画家都在西班牙占据了非常重要的地位。且委拉斯贵支除去画家的身份外，他还是一个政府要员，曾任类似博物馆馆长的职务去世界各地收集名画。他与国王朝夕相处了四十年，称兄道弟，甚至说西班牙国王一天不到他的画室看他画画就不舒服。他为国王画肖像，从14岁一直画到国王过世。他一生最有名的一幅画《宫娥》，画的就是国王的全家福。

刘 还有呢？

梁 我对戈雅特别欣赏，因为戈雅他有一个特征。我个人觉得戈雅他不是极具天分的一个画家，他属于大器晚成类型。他的一生十分坎坷，他的情史十分神秘，可以说他是那么一个活得很肆意的人，一个真性情的画家。他认为自己是一个从事艺术工作的人，所以不愿意和任何政治扯上关系。你想想看，在拿破仑时代，英、法、西三国关系这样扑朔迷离的情况下，他的思维就是坚持不谈政治。英、法、西三个国家皇室、高官的画他都会画，但这是一开始。

但当法国入侵西班牙制造了马德里大屠杀以后，戈雅看到了悲惨的那一幕，就受到了刺激，激起了他的爱国情操，他就画出了两个震惊世界的东西，其中一个就是"黑画"。这批黑画总共有11张，都是画在墙上，后来给人剥了下来。事实上，西班牙的艺术传统就是黑画。从戈雅到后来的毕加索、达利，一脉相传。所以我们说西班牙的艺术传统它有一个名字——Goyesco，就是戈雅的传承的意思。

而我就读的马德里皇家艺术学院，戈雅曾经担任过校长，所以学校的传统也是Goyesco传承下来的。由于学校位于西班牙的中心点，巴塞罗纳、马拉加这些地中海阳光画派，安达卢西亚塞维利亚等古典写实画派，各地的艺术氛围在马德里这个地方融合，最后汇聚成了一个它自己的特色——Goyesco的画法。而就我个人而言，这几十年所学的东西，也与这一脉相传离不开关系。所以我在西班牙求学的这六年加上后来作为画家开启职业生涯的几十年，我一直身处西班牙艺术的领域之中，与之切磋。尽管收益很大，但有一点是不一样的，正如我的老师曾经对我说过，"你不要忘记你是一个中国人"，所以说到底，我的画里面永远留着中国人的血统。继承了Goyesco的画法，融合了中国文化的内涵，这种融合使我的画具象也抽象。不是一半一半，半抽半具，而是套用数学中的乘法，既抽也具，这就是西班牙的艺术对我的影响。

以后有机会我想专门做个讲座，题目就是"激情的戈雅"。他到底是如何从一个受人欢迎的画家，擅画那些美好的东西的画家，突然变成一个血淋淋的、黑黑的恶魔似的画家。这里面的过程是很有意思的,很感人也很坎坷。

在戈雅的一生里,还有一个很重要的就是他和女人的关系,尤其是他跟阿尔法女伯爵的爱情故事。阿尔法女伯爵,即使是在如今的西班牙,这个姓氏仍然代表的是比西班牙国王的头衔、财富还要多的一个贵族,富可敌国,title 非常多。那么戈雅,诚如刚才所说,一开始的确画得不是很好,但他开始接触皇室,成为一个宫廷画师以后,他就渐渐画出名来了。当时,阿尔法男伯爵就请戈雅替他的太太画肖像,戈雅接下了这个任务,却画了三个月也没见到成品画的影子。外面传得沸沸扬扬,说戈雅和女伯爵有了感情,于是这个阿尔法男伯爵就十分生气,他对戈雅说我明天早上必须要看到你的画!结果呢,传说是这样子的,这三个月,戈雅的确是在给女伯爵画画没错,只是画的全是裸体画,全裸的。那男伯爵第二天要看画怎么办?戈雅当天晚上就画出了另外一张《穿衣的女伯爵》。所以戈雅有两张画非常有名,其实是一对,《穿衣的女伯爵》和《不穿衣的女伯爵》。

刘 那么你最欣赏戈雅的是什么呢?

梁 我为什么这么喜欢他、欣赏他是因为他画人物充满了批判性。他替当时的西

戈雅。

班牙国王——卡洛斯四世画全家福时,卡洛斯四世是个怕老婆惧内的昏君。他的皇后和当时的将军、相当于现在的总理大臣关系很不寻常。女的30多,男的20多,正值英俊年华。戈雅画这张画的时候就很有意思,他把皇后画在正中间,国王站在旁边。然后全家福里面所有皇子的脸都与皇后的情夫长得一模一样,意在影射他们都是皇后和她情夫的私生子。他用一种间接的方法去做一种讽刺性的批判。

这种画他也敢画,他不在乎。到了拿破仑入侵西班牙,他的爱国情操就彻底被激发出来了。于是他把法国人怎么屠杀西班牙的那种场景用一种叫作"残酷的战争"的版画来表现,做了大概有一百多张吧,至今还流传于世。后来他还画了一批幻想画,也是讽刺当时社会的不公平现象。在这里你就可以看出来他是一个人道主义者,他是喜欢用自己的画去替天行道,替这个不公平的社会哭诉出公平、争取平等的这么一个爱国而富有激情的画家。

他的"黑画"影响了后世,最有名的叫作表现主义。他粗犷而流畅的笔法影响了马奈,也就是印象派之父。所以我们说戈雅是现代绘画真正的创始者,是现代绘画之父。我对他非常欣赏,他对我的影响非常大,甚至于我还去拷贝过他的画。因为我觉得画画就是要有感情,我画画就是要把感情摆在第一位的。

1969年,摄于圣法南度高级艺术学院。

1968年，摄于圣法南度高级艺术学院。

梁君午访谈录

被绘画牵引着的离别与归来

- 通过这个展赚了人生的第一桶金，才有钱买机票省亲，跟我太太订婚。所以 Macarron 的展对我来说意义非常。
- 开启我传奇的职业画家时代就是1978年。
- 要精！不要多！太多的作品是自己埋葬自己，而重复的作品更是画家的忌讳。

第一次个展

刘 我了解到,您在1971年的时候,也就是您大学三年级的时候,就举办了第一次个展,是在一个叫作Macarron的画廊里。这是不是非常特殊的一个经历呢?毕竟您那个时候还只是一个大三学生。

梁 可以说的确是空前的,但有没有绝后我不知道。我跟你讲讲,为什么会发生这种事情。一年级我的班里有一位叫作萨法里的犹太籍学生,很奇怪的是,他对我的每一张学习作品都很有兴趣,几乎每一张习作都被他收购了,以至于整个一二年级结束,我手边大概只留了一两张作品。直到后来我才知道他家从事跟绘画有关的生意,在纽约有一个画廊,而那些作品都被他拿去做生意了。在二年级的时候,我画的第一张人像,画的是模特,他就跟我买去了。于是我突然发现,"咦?原来我的作品不仅受欢迎而且还有经济价值"。这就让我对自己的画作增加了不少信心。

Macarron画廊是很有意思的一个画廊,它是马德里最老的一个画廊,百年老店,在当时的艺术圈里很有名气。画廊边上就是西班牙最大的艺术品的供应商店,你要买任何艺术品,在那边都能买到,再加上我在没有考进艺术学院以前,我念的那个工艺学校就在那条街(marques de cuba)上,所以我常常就会去那买一些艺术材料。有一天,我拿着自己的画去配框,无意中画廊的老板拉斐尔·马卡龙先生看到了我的画,他对我说,"你的画画得很好,没想过在我们这儿办个画展么?"我说,"我吗?我才三年级,我可以么?"他笑笑说:"为什么不呢,我觉得你很有潜力啊。"在他的鼓励下,不知天高地厚的我办了人生的第一次个展,结果没想到,展出颇受好评,许多作品都被收藏了。我那个时候才20多岁啊,作品能够被收藏我就已经非常高兴了。没想到,展览后有一天老板约我到画廊,希望我能提供一张

与画廊老板合影。

梁君午照片被 Macarron 画廊收入百年历史墙面上。

我的照片。我好奇地问他,"要我的照片做什么?"他说,我们这个画廊是百年老店,在我们这里展出的画家很多,来往的知名艺术家也不少,我们有一个传统习惯,在我们画廊办过画展的重要画家,我们都会留下照片。我们对你很有信心,而且你是在此展出的第一个中国人。"你来看看!"随后,他打开了办公室后面的大门,"天呐!"映入我眼帘的是一面贴了上百张照片的墙面,那些都是近百年历史中大师的照片,那里面当然有毕加索、索纳等,还有西班牙历史上的其他艺术家。那一刻,对我来说,是有史以来最大的一个鼓舞!

　　说得更现实一点就是,通过这个展我赚了人生的第一桶金,才有钱买机票省亲,跟我太太订婚。所以 Macarron 的展对我来说意义非常。

刘　当时展出的都是油画作品吗?

梁　对的,是油画作品。

刘　我可以这样子认为吗?您大二才开始学习油画,然后大三就举办了您的油画

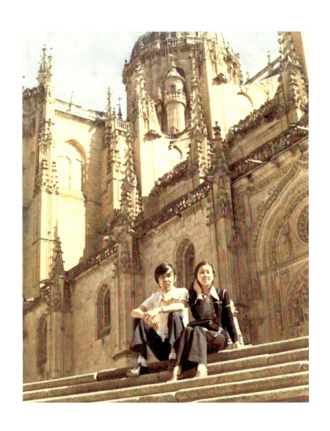

梁君午与妻子欧阳湘摄于西班牙沙拉曼加大教堂前。

梁君午与妻子欧阳湘结婚照。

个展,而且展出地还是在西班牙非常有名的画廊?

梁 嗯,没错。

刘 这,很了不起啊!

梁 也没什么,我常常觉得这是一种运气,只是我刚好碰上了。三年级以后一直到毕业前,我除了上课以外就是画画,偶尔也有人收藏我的画作。我在西班牙的第四年,我太太也来西班牙学习橱窗设计。一年后,我们举行了婚礼。可能也是因为绘画的关系,我和我的夫人常常会做一些类似于"民间外交"这样的事情,就是中国人和西班牙人之间的一些交流活动。我当然会认识很多朋友,我们在西班牙是生活在大学城里的,大学城是有十几二十所大学的学生宿舍在一块儿,它就像旅馆一样,有五星级、四星级这样的区分。每一个宿舍里住的可以是不同学校、不同学系、不同年级的学生。在当时,台湾地区很多大学是由天主教、基督教教会创办的,类似苏州大学前身东吴大学一样,只是是不同的教会。所以我当时除了认识很多学术界的人士、一些别的大学的同学以外,还认识了一批道明会①的修女。

　　我跟这个道明会的修女关系非常地好,因为我常常会去,她们也会请我去做一些文化的交流。后来,她们也希望我能偶尔帮她们做一些艺术的传播活动。我们那个时候是穷学生,所以,当我太太来西班牙的时候,道明会提供了奖学金给她,让她免费吃住。接下来我要提的一件事情,你们可不要羡慕哦。我跟我太太结婚的时候,108个修女站在铁栏杆、圣坛的后面替我们唱圣诗,108个!在《圣母颂》的旋律中,我太太轻挽着代父Bassols先生缓缓朝我走来,你可以想象一下,那个场景是非常感人的,是那么的庄严而神圣。现在回忆起来,激动之情仍然无法平息。

刘　那是什么感觉呢?

梁　如果一定要问我当时的感觉,我只能告诉你,激情到极致,只剩两个字——空白。顺带一提,那个修女会的小教堂,从来不给别人举行婚礼。可是那个修女会的长老玛德利亚还特别为我们向主教父申请为我们网开一面,我和我太太的婚礼就在那里。

刘　很快,您就毕业了。

　　毕业了,那个时候我年纪还轻,心里想的是什么?那就是赶快回台湾!台湾培养了我,经国先生培养了我,所以我一心就想快点回台湾。

---

①道明会,亦称宣道兄弟会,是天主教托钵修会的主要派别之一。会士均披黑色斗篷,因此称为"黑衣修士",以区别于方济会的"灰衣修士"和圣衣会的"白衣修士"。道明会是中世纪托钵僧第二个大团体,他们自称为主的看守犬,立志走遍欧洲去扑灭异端与无知。他们注重讲道与神哲学,故亦名宣道会。道明会在1215年成立后两年,1217年获教皇批准。其会主要是在城市的中上阶层传教。

回到中国台湾地区

刘 于是，您在 1974 年的时候回到了台湾地区？

梁 是的。我回去的时候，蒋经国先生已经是"行政院长"了，他当然有召见我。我和他碰面以后，他首先是恭喜我学成归来，第二个就是问我回来以后的志向是什么。

"我的志向很简单，就是两个。"我和蒋经国先生说，您当时培养我出去的目的就是希望我能学艺术，成为一个画家。我现在除了画画以外，也希望把当时在欧洲、在西班牙学到的一点东西，教给台湾地区的学生，教给下一代青年。另外，我参观欧洲各国的博物馆、美术馆的时候，我发现他们非常注重艺术与历史的关系，很多历史作品都是经由画家之手完成。我给他举了一个很简单的例子，在比利时滑铁卢，我看到有一幅关于滑铁卢战役原型的画，非常大，画的是拿破仑战败。但当去了法国，又能看到有名的古典主义绘画大师戴维画的拿破仑与他太太的加冕礼的作品，这里拿破仑是胜利者。这两幅画很有意思，一个画的是拿破仑战败，一个画的是拿破仑战胜。同样，在英国，你可以看到威灵顿将军战胜的历史记录的画作。就是这么同一历史事件，在三个国家你可以看到三幅截然不同的油画作品。但不管站在什么立场，我觉得历史性的东西如果可以把它画下来，不是坏事。

刘 所以您也打算处理历史题材？

梁 当时的想法很简单，我想到的是把从孙中山推翻清政府建立民国一直到抗战这一段历史画下来。蒋经国先生说，既然你有这个宏大的志向，为什么不画呢。所以我那个时候就开始画了一些作品，比如黄埔建军、黄埔军校开学、抗战时候的"八一四"空战，还有长江海战、淞沪战役啊，这些我都画过，而且都是 5 米长的大画作。这些我在台湾地区短短两年没法完成的作品，我重返西班牙后又花了四年时间,最后才把这个事情完成,这些画作现在挂在台北的"中正纪念堂"。

　　台湾地区还有一个纪念馆,就是孙中山纪念馆。那里面最大的那幅"国父"像也是我画的,就是历届中国台湾地区领导人宣誓就职的时候要对着的这幅画。但那幅画我是没有签名的,我不敢也是不愿意在那幅画上面签名,我觉得签名不好,感觉他们是对着梁君午的画宣誓。也就是因为这种关系,我画完以后回到西班牙,他们就一直找不到这幅画的作者。还是近两年,历经千辛万苦,才知道这张画是我画的。

刘 您回台湾地区后的那两年就专门画画,没做别的事情吗?

梁 在台湾地区的这两年,其实我一边画画,一边是在教书,但是我并没有真正进入艺术学院去教书。因为我不属于任何台湾地区艺术学院的毕业生,我是突然从外面回来的一个身份,所以当时我并没有进入艺术学院。我开始带一些对艺术有兴趣的学生,比如美术社里的一些学生,我教水彩、教素描、教建筑设计等。当时我接的是名画家席德进老师的课。也许是学生比较喜欢我的原因,没想到两年以后,台湾地区最重要的艺术学院、师范大学艺术系、文化大学艺术系,还有现在有名的台湾艺术学院,都希望我能去他们学校任职。

1979年,梁君午两个儿子与《永丰舰》合影。

再赴西班牙

刘 那为何两年后又要回去西班牙?

梁 也许我心中始终没有忘记要成为一个职业画家。所以我就经由蒋经国先生的儿子蒋孝武先生与蒋经国先生沟通,因为蒋经国先生很忙嘛,很多事情我都是和蒋孝武先生直接沟通的,表达我这个想法。蒋经国先生真的算是很宽宏大量,他说既然要做职业画家,那就再出去拼一下。所以我和他约好,请他再给我两到三年时间,做不成职业画家,就回来做一个好老师。这是当时我和他的一个约定,之后我就毅然决然、非常冒险地带着我的妻子和一岁的孩子,再飞西班牙,重闯天下。当时真没有什么别的想法,仅仅是我想要成为一名职业画家!

刘 蒋经国先生可以说是您生命中很重要的一个人,他十分惜才爱才,这样一位重要的人,您给他画过肖像吗?

梁 蒋经国先生这个人,他一般在这方面相当低调,几乎没有人给他画过肖像。他的儿子蒋孝武先生就和我谈过一次这个事情,他希望我能为他的父母画一张像。我听蒋孝武先生说,起初,他父亲并未应允。直到蒋孝武向蒋经国先生说明是请梁君午为其画像,他才说:"是君午啊,那好吧。"

后来蒋孝武先生就专门拍了一些蒋经国先生和他夫人的生活照。因此我有一批蒋经国先生的家居照,没有人看过的。其中,有几张是经国先生轻轻搂着他的夫人的照片,我看着觉得非常温馨,所以这张画的灵感源自于此。所以我的确给蒋经国先生画过一幅肖像。

这幅画像画完就交给他了,之后我没有再问过。可是,当蒋经国先生过世以后,我在美国看到过一则电视报道,叫作"七海山庄的蒋经国",讲述的是蒋经国先生最后那段日子的故事。其中有一段讲到蒋经国先生临终时的痛苦,因为我们都知道蒋经国先生是吐血而死的，非常痛苦。就是讲到那一段的时候画面里出现了他的卧床，然后那个镜头一拉，出现了床头那幅大的人像油画。我一看，那就是我的画。我很难过、很难过，因为他过世的时候我人在西班牙，所以我没能够回来悼念他。那后来我就自我安慰，我想不管怎么样，他去世前至少我画的那幅油画一直陪伴着他，就好像我一直在他的身边一样。所以这幅画，等将来蒋经国先生的纪念馆七海山庄开放以后，我相信它会出现的。

所以说蒋经国先生生平唯一，也可以说是真正正式的一幅肖像，就是我画的这一幅，但这个我在以前一直没有说出来过。

刘 我觉得虽然您没能送蒋经国先生最后一程，但我相信，那幅油画是您和蒋经国先生交往最完美的一个句号。

梁 谢谢！谢谢！我觉得是的，我的确是这样认为。

刘 您回到西班牙以后，在1977年的时候就已经为当时的西班牙国王璜·卡洛斯画了肖像，那细算一下您当时从台湾地区回到西班牙应该是第三年。虽然您以

梁君午与蒋经国夫妇画像的合影。

十分优异的成绩毕业于圣法南度高级艺术学院,但是在西班牙画坛您可以说是初来乍到的这么一个青年画家,那为什么这么一个年轻的画家可以有这样一个机会替西班牙国王画肖像呢?

梁 第一是跟西班牙的风土人情有很大关系。我是1976年回到西班牙,回去没多久,当时的佛朗哥,他们叫作"独裁者",他过世了,然后璜·卡洛斯即位。当时会找到我可能有这样几个原因,一个是因为在我离开西班牙回中国台湾之前,我的作品已经开始有人收藏。当时西班牙还没有文化部,只有一个观光部,管理艺术文化这一块。我记得我离开之前,他们向我要过几幅作品收藏,但是因为我匆匆赶回台湾,所以后来也就没太注意这个事。但等我1976年回到西班牙,那个时候西班牙已经改制成有文化部了。有一次我去文化部谈事情,发现在国际处处长的会客室里竟然挂的是我的作品。后来去文化部的戏剧部大厅,又发现两幅我的作品,我想那时候他们对我并不陌生了。

那再有一个原因,就是我1977年回到西班牙以后居住的地方,在马德里算是不错的区域。因为在西班牙是这个样子的,你住的地方和你的身份是蛮有关系的。我住的地方下面有一个咖啡厅,是很多西班牙文人骚客常去的地方。我就是在那里,无意间认识了一名艺评家。那位艺评家对我的画就很欣赏,然后经他介绍,我又认识了一个还不错的画廊的老板。而这个老板呢又恰恰是西班牙当时总理的礼宾司司长。所以你看,这个层次就越来越高。而因他的关系,我们谈起来的时候就发现我的邻居里面有的人竟然是当过省长或是什么职务的重要人士。给西班牙国王画的这幅肖像就是因为当时那个朋友的推荐,因为他当时在政府任要职。

那还有最重要的一个原因,是什么呢?我回去以后,西班牙有一个重大的国际绘画比赛,叫作巴塞罗纳女伯爵的绘画比赛。全世界有多少画家会参加这个比赛,这个数目我讲不出来。但是入选的作品只有七十幅,由10个艺评家来评选,最后只有一个大奖和10个荣誉奖。一般来说,每一个艺评家背后都有他支持的一个人,而那时我才回到西班牙一两年,没有人支持我,所以,我并没有得奖。但是,那一次盛大的展出,西班牙现任国王璜·卡洛斯一世的母亲,她的封号就是巴塞罗纳女公爵,她和皇后两个人来主持开幕。我的画挂在一个不是很显眼的角落,她慢慢观赏画作,当她走到我的画前时,就突然不走了。她好像很欣赏我的画,甚至还问这幅画是谁画的。当时那些艺评家、评审、主席就和她说这是一个中国画家画的。结果没想到皇后下面一句话问得更有意思了,她问我来了没有。因为我的个子还算蛮高的,他们一回头就看到我了,就和皇后说"他来了,来了"。于是皇后又问,我能否见他呢?结果我就被皇后召见了。没想到,皇后和我一谈就谈了五到六分钟,她跟我讲她非常喜欢我的作品。我与皇后的第一次相遇就是这样。

过了没多久,西班牙有一个很有名的国际展,叫作比都国际观光展,国际观光展属于观光部举办的展览。观光部之前收藏过我的作品。就在这个展览上国王和皇后一起来主持开幕。你想想看那种场面,上百个摊位在那边挤啊绕啊,也不知绕到了哪个摊位上面,我看到皇后了,我就喊了一声"sumajesta",就是陛下的意思,结果没想到皇后听到声音回头看,看到我竟然叫出了我的名字"Roberto"!她就说,"咦?你怎么会在这里"?我就回答我来帮忙。结果,国王和皇后就转身朝我们走过来了,(拍桌)我们就讲了一会儿话。你知道,当时国王、皇后身边的人,从事政治的人,他们是嗅觉很灵敏的人。他们就发现皇后竟然还认得我,甚至喜欢我的画,所以当他们要推荐画家为国王画肖像的时候,也许就想到了我。

刘 画国王像时是我们想象的那种样子吗?国王站在前面,然后您在旁边作画?

梁 不,事实上,这些都是你们电影上看到的。那个时候,他们很忙的,一般来说就是他提供给你很多照片,然后你开始画,最后就是象征性地摆一下,差不多是这么回事。但是国王他还是会知道他有几张人像,分别是哪些人画的,在哪里,这些他统统知道。这就是我第一次跟国王的接触。

刘 所以说皇后是促成您为国王画像的一个因素?

梁 对!可以这么说!

刘 您在西班牙参加了许多的绘画比赛,这些比赛是走进西班牙绘画圈的必经之路。我想从其中一个很"有趣味"的比赛开始跟您聊一聊,就是1973年您获得的巴塞罗纳海报设计荣誉奖,您还记得吗?

梁 我记得这个比赛,这个比赛是干什么的呢?因为巴塞罗纳的动物园在当时有一个世界唯一的东西,不是熊猫,是白猩猩。猩猩是白的,全世界仅有的一只,它是巴塞罗纳的宝贝,因为它,巴塞罗纳那个动物园才举行了一个全世界的海报设计比赛。他们就请我参加,看我这个中国人能不能画出具有中国特色的海报来,我就参加了。但我没能得第一名,只是得了第二,荣誉奖,拿了个奖牌。其实这个很有意义,我不在乎得第一还是第二,我看重的是我作为一个中国人,能在中西方文化艺术交流方面多做一些事情。

梁君午为西班牙国王璜·卡洛斯一世画画像。

刘 这个比赛对您来说不在乎名次,这只是一个非常有趣的经历。

梁 对,而且你知道,这个东西是海报展!那我画海报为什么也能得奖呢?因为我在学校接受"教授课程"的时候,我修过这门课,叫作装饰设计课程,里面包括舞台设计、海报设计等。我的海报设计作品是被学校老师收藏的,也就是因为这种原因,我对自己画海报还是很有信心的。

刘 海报是用油画的方式画的吗?

梁 不是,是广告颜料,就是不透明水彩。但是我有那个本事可以把不透明水彩画成像印刷版一样的。

刘 说到比赛,不得不提的一个就是您在1978年获得的马德里艺术学会素描首奖,这个与海报设计比起来,在专业领域是一个非常高级别的奖,是吗?

梁 是是是,它是这样子的。在欧洲,一般公家对于艺术方面的推动有时候还不如私人,比如一些协会的推动有力。我举个简单例子,比如你在马德里,你到老区,你会看到一座好高好高、上面还有一座雕像的大楼。那个不是银行,也不是政府机构,那是一个民间的绘画艺术中心。这绘画艺术中心有什么？它里面有咖啡厅、剧场、音乐厅、画室、画廊、图书馆还有电影院之类的,全部都是和艺术文化有关的。那个地方六楼有一个叫作人体工作室,你只要画得还算有水准,愿意去,你都可以参加。每天有好几个模特在那里。我成为职业画家后,一直到我五十多岁,我都有这个习惯,每个礼拜会夹着画夹坐着地铁到那里去练素描。它每年都会定期举办各种比赛,为大家提供互相切磋的机会。有一次,他们举办素描比赛,我不知天高地厚得也去参加。去试试看,重在参与嘛。结果没想到一去就拿了个首奖。

如果把这种奖项看得很重要很重要,我觉得大可不必。但就我个人来说,它对我无疑是一个强心针,就是让我觉得我的素描终于受到肯定了。当然啦,那张画我自己也觉得非常满意,素描需要的是天时地利人和,当时我感觉自己以后可能也画不出来了。

刘 那张画还在么？

梁 在的,在我自己西班牙的家里面。

踏上职业画家之路

刘 许多艺术家都会经历这么一个过程,这个过程就是从求学到参加比赛到获奖最后再走向职业的道路。如果要说哪个展览在您的事业中具有里程碑意义,"Figuracion78 联展"必须被纳入吧?

梁 事实上跨出我职业画家的第一步就是在 1978 年。有一天下午,我到马德里市中心,现在是最重要的一条商业大道 Serrano 大道,19 号,有一个 Kreisler 画廊。当时 Kreisler 画廊在西班牙艺坛算是三大画廊之一。这家画廊的老板是一个美国人,但是老板娘是西班牙人,所以这个画廊就融合了一些创新的元素在里面,它里面收藏的画作也比较多样。

那天我去那里看一个展览,因为我的穿着比较整齐,所以当时的那个接待小姐可能以为我是日本的收藏家,看我一直在那边看画,她就过来问我,是不是喜欢这个画,是不是想要收藏。然后我回答她,还可以。然后她就反问,"还可以?您很懂画么"?我和她说我也不是很懂,但我是一个画家。然后你猜我下一句和她说了什么?我说,而且我画得比她好!我就脱口而出这么一句话。结果很滑稽的是,那个女孩,叫作卡门,她很有意思,她又追问我是否真的是一个画家,我就说,"是啊,我是一个画家,圣法南度高级艺术学院毕业的"。结果她就把老板叫出来了,那个老板就笑嘻嘻地再问了我一遍,"真的比他画得好"?我就说是真的。然后他就说,可不可以哪天把作品拿来看看,于是我就和他约定一个月后我就拿画作过来。

一个月以后,我还记得是一个冬天的晚上,7 点左右的时候。我开着辆破车子,停到画廊对面,我太太还在那边看车,怕有人拖走。然后我就把两幅画搬上去,让他去看。结果他看了就说了一句话,他说"还可以啦,那你就把画留在这边吧，我们来试一下"。他是说试一下，因为到了圣诞节的时候，有一个联展，他说要到时候看看情况怎么样。那到了圣诞节，我的作品就拿去摆在联展里了。这个画廊很大，联展有四个大厅，我的画被摆在最后一个厅，一个灯光也没的很不起眼的位置，不是一个好的位置。可是，两张画马上就有一张被人收藏。他就觉得，咦，还不错的样子。然后他就和我说，暑假还有一个联展，让我可以再拿两张画去参展。正好当时还有一个Betica画廊，等不及了，希望我立即去开个展。结果那个展览，我的作品一下子就被收藏了很多。艺坛是很小的，这个消息就一下子传开了。Kreisler画廊的老板就觉得我两次展览的效果都不错，于是才正式邀请我参加1978年的"Figuracion78联展"，这相当于正式加入他画廊的画家阵容当中，所以那个展览对我是非常重要的。为什么？因为它是一个正式画廊的正式联展，里面有很多厉害的画家。虽然我是排在尾巴的最后一个，但我可是最年轻的一个，对我来说这个意义很重要。

刘 您与Kreisler画廊渊源颇深，您能评价一下这个画廊吗？

梁 我与这个画廊合作了17年，17年！这个画廊对我在西班牙前半段的艺术生涯非常重要，Kreisler画廊是一个国际性的画廊。在1978年开完联展以后，我的每次联展，说得难听一点就是每次的卖画记录都非常好。所以Kreisler画廊决定在1980年为我举行第一次个展。如果我没记错的话，展出了49张作品，卖掉了大概有48张。我就说一件事情，你就懂了。在我开展的那一个月，画廊前面的那个商业大道上，有一个小斜坡。就在画廊前面还有个红绿灯。那一个月，那边发生了不少的小型碰撞。因为画廊那有个大型橱窗，橱窗里有我最大的一幅画在里面，灯光照上去后是非常迷人的，人家开车经过都会下意识回头，接着就传来紧急刹车声，这样说你懂了吧。

还有值得一提的一个小故事，也是发生在这个展览里，这个故事我终生难忘。有一对年轻的新婚夫妻，他们住在距马德里100公里以外的一个城镇，他们来马德里是为他们的新婚房子挑选家具。结果呢，经过那个画廊，他们就进来看看，看到了我的一幅粉彩作品以后，他们就爱上了。他们在马德里停留三天，每天都来画廊，然后他们就一直和画廊老板谈。谈什么呢？能不能打个折扣买我的画。譬如说画要15万，但他们只有10万，还是所有买家具的钱算在一起。后来老板就告诉我这个事情，我知道了非常感动。但是画廊还是有一定的规矩的，所以我也得和画廊商量。商量的结果就是画廊少赚点我也少赚点然后给他们分期付款。

就是这样，这对夫妻带走了我这幅画。可是你要知道，我不唬你，这对新婚夫妻，整整一年里，我的那张画就是他们新房里所有的家具。

这就是西班牙！我有很多关于收藏我画作的普通人的一些小故事，故事虽小却十分感人，这是其中的一个。因为在Kreisler画廊开的展览都非常成功，所以后来我就变成了他们画廊主席位中的一个。巴塞罗纳Kreisler画廊开幕，要办一个展览，第一个展览就是"当代人体绘画大师"联展。人体艺术展，你知道我就是画人体的，画人物的。你知道带头的那幅作品是谁的吗？毕加索！当然啊，还有很多其他大师的作品。我肯定是排在很后面的，但能够和这些作品一起展出，对我来说本身就是一个荣誉。我和Kreisler画廊的缘分就此开始，一晃就是17年。

然后，迈阿密Kreisler画廊开幕的时候，我的作品又一次冲锋陷阵，在开幕展中展出。其实说真的可能也不是我画得有多好，也许只是收藏的人比较多吧，只能这样讲。

刘 我现在知道您和Kreisler画廊的这种关系，但同时又有点疑惑，一个画廊对您的创作会有影响吗？

梁 这个问题问得很职业，一针见血。譬如说，我第一次开展的时候，我的哪些作品最先售出，哪些作品最受欢迎，画廊老板心里一定有数，他当然希望我这方面的画多画一些。那你问会不会受影响，我告诉你肯定会的，但肯定不是全部。你也要考虑到，第一次展的是那些风格的作品，第二次展的还是那些风格的作品，那第三第四次肯定就不受欢迎了。画家最重要的是要超越自己。所以我的思维是这样子的：要精！不要多！太多草率的作品是自己埋葬自己，而重复的作品更是画家的忌讳。

画家和画廊的关系就如千里马遇到伯乐，千里马没有伯乐那是非常孤独的，可是千里马遇到一个伯乐，伯乐又会反过来影响千里马的行为。所以做一个伯乐不容易，做一个千里马也不容易，这种关系其实是非常微妙的。我和Kreisler画廊的关系就是有碰撞，也有摩擦，可是也有欢聚一堂的时候。我们的原则就是站在艺术的立场上，互退一步，互相尊重。也是因此，才有了这17年美好的时光。

刘 这么多的展览中有没有令你最感动的？

梁 很多，譬如我在台湾地区市立美术馆开展览，我有一个雅号叫作"有史以来最努力的画家"。因为我每天下午一点钟一定到画展去，然后一直要待到黄昏六点钟关馆我才会回去。那我这五个小时都在干嘛呢？南部、北部只要来看画展的人都会来找我,展览时间是一个月,大家都是欲罢不能的样子,每天来找我的人都越来越多,越来越多。

我记得台南有一位先生,一直想获得我的一本画册。为了买到我的画册,他同全家人搭五六个小时的火车参加我的画展不下五次,最终买到画册后他还特地寄给我签名。二十年后,2011年,我回到台湾举行个展的时候,他又突然出现在我面前,问我是否记得他这个粉丝。"老师,这么多年您没怎么变,只是头发白了。"我说:"你也没有变,还是那么喜欢我的画。只是头发少了很多。"

可是,说起来还有一次,我在台湾地区开展览。突然,"故宫博物院"的秦孝仪院长就出现在我的展览上,还收藏了我的一幅画作。但你绝对想不到,没过多久,我收到了一份礼物,那就是秦院长最有名的小篆,写的是两句《诗经》里的话:"鼎彝自典重,珠玉足高华。"看到这幅字那是什么感觉呢?那简直是登天了。所以怎么说呢,在我这一生里有过很多的小故事,都是充满温馨与感动,不一定是在特定的展览上,但就是令我非常感动。

刘　梁老师是一个特别容易感动的人。

梁　令我感动的不止有展览上遇到的事,也有发生在日常生活里的。这里我要讲的是一个送画的工人,一个运输公司工人的故事。有一天,他问我,"我一直在你这里运走这么些画,难道你就是画家"?他以为我可能是经销商。我就和他说我就是画家,画室在楼上。没想到,过了一年多,有一天突然有人按门铃,开门一看是他。"今天没叫你来运画,你怎么……"他说他知道。紧接着他双手捧出十万西币,问道:"我可以买一张什么样的画?"我很感动,给他了一张价值15万的画。又过了一年多,他又来了,我跟他说,这次不能像上次那么客气了,照规矩来。但是西班牙人有一个很可爱的地方,这就是我要讲的。差不多三四年后,他特地跑到我家里来,向我解释,由于资金周转不过来,想卖掉一幅画,并请求我的原谅,他还向我保证会保留另外一幅。你看,多么可爱啊。可是,过了两年他又打电话过来,他跟我说当时借到钱了,所以这张画没有出售。他请我放心,那两张画还在他手里,他好好地收藏着。

还有一个故事,很有意思,也是收藏家的小故事。有一次,一对老夫妇来看我的画展,看中了我的画,然后就要收藏三幅。因为他是个诗人,所以虽然他买了画,但还是希望给我两首诗作为回馈。后来这对老夫妻就一直来收藏我的画,每一次都会赠我两三首诗。再后来等到他们过世了,他们的三个孩子就想把老夫妻曾经收藏的一批画拿出来拍卖。可是在整理过程中呢,几个孩子又发现有梁君午的画,他们就不舍得卖了,所以又留下了。最后是其他的画他们都拍卖了,我的画他们三个人每人都拿了两三张各自回家。

讲这些故事,就是跟你讲这种思维。他们的那种想法跟我们现在许多的人是完全两码子事。你看我刚刚说的这些有的都是低阶层的民众,不是高阶层的白领阶级。但是你看这些蓝领、这些民众,他们能够这样子来收藏艺术品,这是很值得钦佩的。所以以前,有人问我,这一生收藏你作品的收藏家们谁最重要,我常常说的就是这些人。那些大老板、首富收藏我的画那是非常容易的事,钱对他们来说可以说是微不足道,九牛一毛。可对这些普通人来说,是用他们的全部拿来收藏我的画啊。所以,我真的觉得这些收藏家非常非常了不起!

刘 您的作品的收藏家一定很多,给您留下深刻印象的有哪些?

梁 有一个是关于西班牙皮鞋大王——Luruena 的故事。他到我的画展来,看到我的画,他很懂规矩,买了两张。后来他来得多了,我就和他成了朋友。他始终维持了一个原则,就是有生之年,他的家里面不挂其他任何人的画,只挂我的画。我跟你讲,那个皮鞋大王他在美国第五大道都有鞋店的。你从电梯上去,一进门,那

2011年梁君午在台湾地区东海大学艺术中心举行个展:留白——未尽的灿烂。

梁君午（左一）与收藏家 Anover 先生（右一）的合影。

里就是我的一张画。一直到厕所最里面，还是我的画，加起来大大小小 18 张。这样的收藏家，我在全世界有两三个，就是只收藏我一个人的画。

在美国加州可能有两三百幅我的作品，因为我有加州州务卿亲颁的加州国玺荣誉公民证书。那另外还有一批画在德克萨斯州，因为当时的克萨斯州奥赛银行总裁到过西班牙，收藏了一批我的画作。我还有一批画作应该在弗罗里达州或者纽约。我在美国只有这四个点：加州、德克萨斯州、弗罗里达州还有纽约。那这里面就有很多故事啊。比如我有一幅画作应该在好莱坞某个明星手中，但我不知道是谁。人生就是这么传奇的，也许有一天，比如我们这个纪录片公布出来，就有一个明星说，咦，我有这个中国画家的画啊。（笑）所以我们且慢慢看，我也希望有一天，可能我足够有名了，很多大人物都会比我先说出来，以有我的画作为荣，我觉得那样子会更好！（笑）

刘 平民收藏家在西班牙是大多数吗？

梁 大多数是中产阶级，平民是少量的。但那边画作的市场不像中国大陆这边的几百万、几千万，而是差不多几万到几十万这样一个区间。拿几万块买幅小作品，这种收藏家是蛮多的。也正是如此,西班牙的艺术市场才能历久不衰。这里面有一种思维——"我平日好好工作,我省吃俭用,我偶有结余,那我希望我的墙壁上有一幅不大但是很美的收藏,然后我可以教育我的孩子们"。

真正的艺术收藏,是要留给后代的。我觉得最好的状态是,比如我们的学生现在20多岁,25-26岁画的画,从2000元-3000元开始。那么过了两年,他也开了展览了,画也比较成熟了,那就涨到4000元。如果恰好又得了一个奖,那就再加到5000元。那到他50岁的时候,可能他的作品就是5万或者多一点,但肯定不是几百几千万。我想要教给我的学生一种艺术的价值观。艺术真正的价值在于作品的好坏而不是艺术的价值的价值。

画家与画

刘 梁老师您有没有粗略地统计过,截至目前,不算您的学生时代,您大概画了多少幅画呢?

梁 那起码上千幅了。

刘 那有多少是您目前还留在身边的呢?

梁 不超过20,很少啊,我很遗憾的,其实。

刘 画家的心情是不是很复杂,因为每一幅画都是自己的心血,有时候难免是要忍痛割爱的,怎么舍得呢?怎么平衡这种情感呢?

梁 是这样子啊。所以画作都是以价自量的。我现在画作是卖得比较少了,但是这样的情况还是会出现。比如你有十幅画,你一幅都不想卖,可是有五个人是非要其中五幅不可,那你卖还是不卖?

我举个更简单的例子,我将来要捐给苏州大学一幅画,要捐的那幅画肯定是我手边觉得最满意的,最心爱的画作。那我必须割爱,不然怎么做呢?如果为了现在自私的想法,不拿出一幅好的作品,那你留给儿子你也不知道他会不会珍惜。可你留一幅差的给苏州大学,将来后代看看并不算最好的作品,岂不是会觉得我满口胡话,夸大自己吗?懂我意思么?

所以想穿了就是一个原则,也是我自己坚守的原则,每一幅画都要对得起自己,那它自有它的归属。画家要对自己的作品坚持,收藏则是一个缘的问题。什么样的地方就有什么样的画,反过来什么样的画就会去往什么样的地方。如果一个重要的收藏家要在博物馆、美术馆展出我的作品,他肯定是为了能让更多的人看到,那我绝对不会说私藏。

在这样的思维下,其实我留在手边好的作品还是有很多,可是都是比较小的。

与巴洛斯次长,巴塞罗纳市政府秘书卡隆先生等谈话,中间为巴洛斯先生之人像。

1977年在马德里 Betica 画廊举行个展,与圣法南度高级艺术学院院长胡尼欧先生夫妇摄于闭幕酒会。

哈哈,小的很简单,往床底下一藏。你们是不知道那些收藏家,他到熟悉的那些画师家里去,进门就开始翻箱倒柜,他知道你会藏啊。(笑)然后翻出那么几张,他翻了一下,那我客气地说这些你不能拿我自己要的,还没说完,他自己倒是往身上一藏,说,"哎呀,没关系啦",然后旁若无人地拿着回去了。

刘 假如,一幅画三个人都喜欢,那您是怎么决定这幅画的归属呢?

梁 就看谁是第一个要的。跟谁有钱没钱没有关系。要有一个原则,我觉得是这样。

带着艺术环游世界

- 这一路世界巡展下来，我就发现：对于艺术，你再怎么追讨，再怎么探索，都不要忘记你来源于这个大自然，不要忘记你是大自然的一份子。所以天人合一的观念还是深深地根植在我的心里面。
- 和谐的方向，美学元素中生活的方向，这才是我艺术创作真正的方向。
- 素材是大家都可以用的，关键是你如何用，是你绘画的理念和那种感觉。
- 他们的草药、他们的巫师，我同样能在中国的传统文化中找到相似之处。

中南美之行

刘 梁老师,我们上次聊天中您提到,在世界巡展中令您印象最深的是中南美洲之行。那请您就给我们分享一下您的中南美经历吧。

梁 中南美洲之行的确是一个很有意思的经历。中南美洲的各个国家曾经都是西班牙的属地,这些国家至今仍旧保有着传统文化。中南美之行前后大概两个月,去了9个国家,在5个国家举行了展览。

从地方风土人情来说,令我印象最深刻的一个是巴拉圭,另一个就是危地马拉,但我们先从第一站阿根廷说起。阿根廷是一个大草原的国家,它最有名的就是它的牧草还有牛羊,尤其是阿根廷的牛肉[1]。阿根廷牛肉很有特色,他们从早上宰杀后就开始烤,一直要烤到黄昏。那画面给我的感觉就像没有生命的牛肉围绕着火堆开着一场盛大的营火会。我在阿根廷停留了十来天,画展之余就是去欣赏这大片大片的草原风光和品尝独具特色的牛肉,难以忘怀。

但是当我们去往巴拉圭的时候,就发现这是一个蛮落后的国家,去的时候连首都亚松森(Asunción)城也仅仅只有一栋高楼。那地方有很多原住民,我第一次真正见识到他们那种红皮肤的印第安人,感觉很新鲜。在巴拉圭办展的间隙,我们利用空闲的时间去了东方市(Ciudad del Este)旅行。东方市位于巴拉圭最东边,著名的伊瓜苏瀑布即在该城边上巴拉圭、巴西、阿根廷的三国边境。那里中国人特别多,各国人都在那边做生意。我们去的时候坐的是夜车巴士,巴士上约有9个床位,像飞机头等舱一样可以睡觉的。有趣的事是要等到早上到达东方市。我们当时坐

---

[1] 阿根廷牛肉也与别处不同,它采取露天围栏放牧,这种自然方式产生的牛肉,肉质鲜嫩。

梁君午与妻子在伊瓜苏瀑布前留影。

在车里时,还以为是天气不好,乌云密布。可等我们真正下车,却发现此乌云非彼乌云,铺天盖地的都是蚊子啊。虽说我们有被警告过说这边蚊子很厉害,但我们一行人还是惊呆了。即使穿上厚厚的衣服,蚊子竟然也可以穿透衣物叮进来。上上下下包得严严实实还觉得自己浑身犯痒。可旁边的印第安人却都没有事,他们都免疫了,蚊子也是认准外来客有选择性地进食。那蚊子多到什么程度?不骗你,我们都不能张嘴讲话,因为我们一张嘴,就吃到一口蚊子,所以那段时间我和我夫人那是吃了不少蚊子啊。巴拉圭边上还有一个很重要的地方就是伊瓜苏瀑布。伊瓜苏瀑布没有尼亚加拉瀑布水量这么大,但是它是世界上最宽的瀑布,也是世界上最长的瀑布。有的时候我会走在瀑布下面,前后20多公里,水幕自天而降,那种体验带给我的感觉很震撼。当我身处大瀑布底下的时候,我就有种感觉:人类很渺小而世界如此美丽、如此壮观。它让我感觉到一种身处亚马逊河域边缘的气势。所以这段旅行经验,对我个人而言也是很值得回味的。

刘 很不一样的经历。

梁 另外还有就是在Provincia de SanJosé(哥斯达黎圣何塞省)办展的时候,那里有一个玉器博物馆令我印象深刻。众所周知,中国人爱玉、懂玉,我却没想到在中南美洲也有一个国家同中国人一样讲究玉器文化。所以很有趣的是,我在他们的博物馆看他们展出的东西竟有一种身处中国博物馆看我们国家自己的东西一样的感觉。你看他们展出的陪葬品,金缕玉衣、缀玉覆面,和中国的殉葬品如出一辙。人有七孔,所谓玉塞,是指用玉片对应人面部的眼睛、鼻子、耳朵、嘴等位置,把人体上的窟窿都塞上[②]。我也不清楚,怎么两个国家的玉器文化会如此相似。

  我在这个地方办展的过程中,有一点很令人感动。当地的人是完全不拿我们当作外人的,就和招待自己家人一样。当地的电视台为了我的展览还特别做过几次专访,并长时间地播出;报纸和其他纸媒还把最重要的艺评家维多·雨果评我的文章整合以后在头版或是前几版大篇幅登出。你可以感受到,一个地方它虽然穷,但他们有珍视的玉器文化。所以当一个西班牙画家来到这边,可以流利地用西班牙语沟通,而他又恰恰是来自一个同样讲究玉文化的国度——中国,当地人民对我自是十分照顾。承蒙他们的照顾,我在那儿度过了一段非常愉快的时光。想来唯一的遗憾是没有真正看到世界著名的伊拉苏火山口。我去了,但是正好赶上了大雾。我知道我的脚底下就是火山口,但是我看不见。而他们也让我不要再往前一步,因为跨出去我就真掉进火山了。

  还有就是危地马拉,危地马拉也属于玛雅文化发源的重镇,所以我们特别去了几个著名的城市,如安地瓜(Antigua),全称 Antigua Guatemala,还有蒂卡尔。蒂卡尔意思为"能听到圣灵之声的地方",因为那里有一座浮现在原始森林中玛雅文明最早、也是最大的神殿遗迹。你置身其中,真的会疑惑当时的人们究竟是如何修建出来这样的宏伟建筑,在我看来这个遗迹绝对可以和金字塔媲美了。我和我太太坐的是小飞机,当我们飞进原始森林,我的想法就是在这种地方要是掉下去了,应该活不成,因为下面是真正的原始森林。当时我们还遭遇了一场暴雨,也是我迄今为止遇到过的最大一场暴雨。真的是从头到脚、从里到外完全被淋湿,和泡在水里差不多。后来我们只好向当地的原住民买了两套土著人穿的衣服,就这么穿着飞回了危地马拉。这段经历也令人无法忘怀。

刘 真是目不暇接啊。这过程中有没有什么特别的经历?

[②]用玉敛藏是古代厚葬制度的一个重要组成部分。中国古人认为玉是致密温润的,有特殊的防腐功能,能保证肉体不腐,还可以防止灵魂出窍。

梁 在中南美洲办展的过程中间,还有一件挺吓人的事情。当时,我们正从危地马拉飞到圣何塞,经过洪都拉斯转机。大家都知道,飞机起飞和降落时,飞机窗口的隔板会拉上去,所以乘客可以观察到外面。当我们降落的时候,我们亲眼看到我们的跑道上面还停着一架飞机。就听着飞机"嘎啦,嘎啦……"从那个小飞机上面擦过去,所以没有出事真是万幸啊!那一次也算是我一生当中比较特别的一次经历了。有意思的是,等到我们降落,我和我太太下飞机就看到了一个茅草棚。当时还奇怪怎么会有一个茅草棚,结果得知这竟然是他们的出境口,可见当时那儿真的是比较落后的。

关于飞机降落还有一次是在危地马拉飞机场,吓得要命。因为它的飞机跑道是在峭壁上面,跑道的两侧都是峭壁,所以降落得不好,就直接撞山了。还有一次飞墨西哥,飞机上明明提示还有 2500 公尺的高度,突然之间你就感觉机轮着地了。我以为撞山了,但其实是因为他的海拔就那么高。这都是一些比较趣味性的经历。

中南美洲的各个国家,他们都讲西班牙语,我从马德里过来,也是说着西班牙语,他们就会觉得我比较亲切。再加上我画的画是油画,他们看得懂。所以这两个月的经历我感触最深的就是文化沟通和文化交流无障碍。这种交流让他们了解到一个东方人是如何在画油画,他的思维是什么。这两个月的旅行对我而言是相当值得回忆的。

刘 我看过您的一幅画作,画的一个危地马拉的妇女,我觉得这幅画和您往日的风格不太相似,这是不是因为当地的玛雅文化带给您的影响呢?

梁 没错,没错。你会觉得很有趣,就像中国有 56 个民族,各个民族的服饰都独具特色,尤其是少数民族,他们的服装颜色十分艳丽。而当我在危地马拉看到玛雅文化的那些服饰时,我瞬间就想到了中国台湾地区的原住民——阿美族他们的那些服装。我感叹啊,距离如此遥远的两个地方,原住民的服饰居然也可以如此相似。它们的颜色都是那么的鲜艳,就连图案构图也有很多雷同的地方。我在墨西哥的时候,去参观了日月金字塔。当时我就发现金字塔内部有很多镌刻上去的图腾,与我们中国的图腾几乎是一样的。这两个体会,使我产生了一种错觉:也许很多年很多年以前,所有这些民族还有我们,真的都起源于同一个祖先、同一个地方。

当我们从危地马拉去往安地瓜这些城市的时候,当我们去往火山湖边参观的时候,沿途我就能看到很多土著妇女,看到她们编制的背包、服装还有围巾甚至于是抱小 baby 的袋子,其颜色之丰富使你不得不驻足,停下来用画笔去着那个颜色。有的时候,是速写,几笔带过。可是往往在看到那个颜色之后,又会觉得这些颜色真的不可以如此草率放过,所以我就仔仔细细地去研究那些很不寻常的颜色变化,用画笔去记录。所以这几张速写特别不一样,比起我其他的作品,这几张画很讲究服饰的感觉。自然,那与当地人穿的服饰对我的视觉冲击有极大的关系。在研究这些服装的颜色变化和一些细节的过程中,我也会想起苏州的刺绣。因为众所周知,苏绣非常的细,我觉得她们是同元素的。所以这张画可能比较讲究这方面的一种感动,更强调细节吧。

刘 您刚刚提到一些趣味性的经历,那您能不能再谈谈关于展览的经历?如您所说,中南美洲都是比较贫穷的国家,出于什么目的您会去那边办展呢?

梁 有两个原因吧。首先,西班牙是这些国家的母国。西班牙对于文化艺术的重视很大程度也影响了中南美洲的各个国家。不瞒你说,我们在西班牙办展,很多重要的收藏家都是中南美洲人。譬如说,我有个最重要的收藏家,在2013年第二次荣获世界首富——墨西哥电信大王,他们就是卡洛斯·斯利姆兄弟。同样的包括在阿根廷、智利、洪都拉斯等等有很重要的收藏家。换句话说,中南美洲的人他们有着一种追求艺术的传统。

我是一个黄皮肤的中国人,我会说西班牙语,我还是一个西班牙画家,这么一个多重身份帮助到我,使我在中南美洲办的展览都非常成功。他们当地往往以贵宾相待,使我受宠若惊。我们说艺术是相通的,尤其他们了解油画,所以他们能发现、理解我画中其他画家所没有的那种东方的色彩,东方的思维。这个地方也许工业落后、商业不发达,但这不能代表其他方面同样欠缺,因为它仍旧维持着文化艺术的传统。所以,中南美洲出了那么多的诺贝尔奖得主,比如加夫列拉、比如马尔克斯等。

在文化艺术交流的方面,我们应该重视、应该学习中南美洲这些国家。这也是我去办展的原因。第二个原因是中国台湾地区当时的"新闻局"局长邵玉铭先生(现任"公视"董事长)的邀请,由"新闻局"主办,到中南美洲五国开展为时两个月的巡回个展。

刘 那您觉得中南美洲这些国家的艺术优势是什么?

梁 中南美洲的画家们有一个优势,就是他们会将很多原住民的文化、玛雅文化的色彩融入画作。他们的画中往往在色彩方面发挥得很棒,造型又非常古朴,很有地方性与民族性。我是觉得他们能够用现代的素材来表达出民族性的味道,这

梁君午的作品世界巡展时，各国媒体竞相报道。

cinco días

DIARIO DE INFORMACION ECONOMICA
Madrid miércoles 28 de mayo de 1980
Precio, 25 pesetas
DIRECTOR: FRANCISCO MORA DEL RIO

arte/inversión

En Kreisler

Emoción en la obra de Liang

Entre la realidad y el ensueño, entre la firmeza del concepto y la libertad de la poesía se enmarca la obra de Roberto Liang, joven pintor chino afincado en España, que nos ofrece una muestra de su obra en la galería Kreisler de Madrid. La sensibilidad oriental, unida a la precisión y rotundidad de Occidente, configuran esta obra, dotándola de todos los elementos necesarios para despertar la admiración y la emoción del que contempla. El dibujo intachable, las proporciones precisas, acierto en la composición y un magnífico tratamiento de la luz y del color podrían ser las características más prominentes de esta pintura.

El elemento mágico se encuentra presente en toda la obra. La realidad de Roberto Liang se libera de toda objetivación introduciéndose en un mundo de fantasía y sentimiento donde el pintor recrea su realidad, da forma a cuanto atrapa su espíritu y, en un alarde de sensibilidad, sin sensiblerías ni cursilerías, nos muestra su interior. Quizá buena parte de la belleza de esta pintura provenga de su sencillez, de la paz con que envuelve las escenas más desoladoras. Susurran sus obras y nos hablan de las penas del hombre, de la soledad, de la amargura y de la desesperanza. Pero, y aquí surge el reflejo de su filosofía oriental, el hombre de Roberto Liang, ante el dolor, recurre a la meditación en un fructuoso intento de atemplar el alma, buscando en sí mismo su propio consuelo. No gritan sus personajes, no reivindican, no se rebelan. Esperan en calma al destino. De ahí la profunda paz que emana la obra.

Todo es armonía en su pintura. El espacio, etéreo y misterioso, ampara la figura, y uno y otra armonizan, se confunden en un todo sereno. Armonía entre hombre-universo, entre hombre-naturaleza. Si lo importante es la fraternidad, la solidaridad entre los diversos componentes de este mundo nuestro, ¿cómo ha de extrañarnos que un caballo, en gesto de infinita ternura, agache la cabeza, solícito, ante el abandono que desprende un cuerpo de mujer reclinado hacia el suelo? En el noble gesto del animal encontramos toda la pureza de sentimiento, todo el amor al prójimo del que muchas veces carecemos los hombres. Un cuadro de belleza sobrecogedora que invita a la meditación.

Otro cuadro de impresionante belleza atrapa la atención del espectador. Flotando en un espacio inconcreto, semejando retazos de sueños, duerme una joven tendida. Su blancura contrasta con los azules y morados que la envuelven. El gesto de abandono, la actitud reposada, la tibieza que desprende la obra emociona y enternece. La composición de este cuadro merece todo elogio, así como los maravillosos efectos de la luz sobre el cuerpo femenino. Y, una vez más, esa envidiable capacidad de superar la realidad sin caer en el detalle fotográfico, al que se sienten inclinados todos aquellos que poseen un importante dominio dibujístico. La exposición está compuesta de 37 cuadros, entre óleos y sanguinas. La valoración oscila entre las 18.000 y las 300.000 pesetas.

梁君午的作品世界巡展时,各国媒体竞相报道。

Domingo 24 de noviembre de 1991 — LA NACIÓN — SECCIÓN D

áncora

VICTOR HUGO FERNANDEZ

El arte es la mejor forma de manifestar el descontento con la existencia, en la medida en que se convierte también en la mejor vía para manifestar la voluntad de vivir. La dicotomía de amar la existencia y no estar satisfecho con ella y, por lo tanto, desear cambiarla o simplemente reinventarla de acuerdo con nuestro ideal de equilibrio, logra su mejor forma de expresión a través de la creación artística.

Para el pintor chino residente en España, Roberto Liang, la creación plástica le permite, por ejemplo, soñar la vida. Su búsqueda estética lo ha llevado, sin muchos preámbulos filosóficos ni complejas propuestas estéticas, a cifrar en la sencillez, en la transparencia, en la técnica depurada y la metáfora sensual la esperanza de proponer un mundo de exquisita factura donde la armonía se impone sobre el caos, y la nostalgia agrede a la presencia.

En Liang interesan los mundos que sugiere, los rostros que no vemos aunque adivinamos en esos cuerpos desnudos, suspendidos en un espacio de profunda abstracción que sugieren una calma aparente y que envuelven a sus figuras, las cuales se revuelcan interior, nica, y arden en voluntad de vivir.

Pintor abstracto en principio, de un punto de la soledad de esos fondos cromáticos, que trabaja exhaustivamente, surgen de pronto formas que van adquiriendo apariencia humana o vegetal, como si las figuras no sólo brotaran de la tela sino también penetraran en ella.

Belleza sensual

Liang no es exactamente un figurativo, ni un anatomista, es un creador enamorado de la figura humana que no le teme al cuerpo. Por eso sus figuras son una mezcla de belleza sensual, de amor y ternura, de una fuerza espiritual apoyada en el sentimiento.

Es un pintor expositivo que le confiere un aire de limpieza a la gente que construye, personajes de sus sueños, tipos humanos que buscan reflejar la voluntad del ser humano por "querer vivir".

"Frente a la violencia del siglo XX, pretendo proponer un tipo humano que sea espíritu y materia en uno solo. El espíritu es importante, la ciencia es necesaria. Llegamos al siglo XXI con una voluntad de continuar existiendo de acuerdo con los dictados de la técnica, pero desde la madre tierra", expresa.

Pintor de la emoción, en sus propuestas no encierra lo que vemos sino lo que sentimos, de ahí que lance a sus figuras, sus animales o sus frutas hacia universos oníricos, sobre horizontes de color que se ensanchan en las veladuras y se prolongan.

Luz del corazón

Sus cuadros son propuestas de luz, en su búsqueda poética las mismas figuras que brotan de sus fondos se pierden de pronto para dar paso a la luz, la cual ocupa con frecuencia un papel protagónico en sus creaciones.

Al pintar el sentimiento, la luz que penetra la tela y se abre paso a través de las texturas no es una luz real, sino una de tipo interior; es el soplo vital del pintor que pasa a ocupar el eje de la propuesta, una suerte de centro de gravedad rico en transparencias.

"Busco expresar mis vivencias por medio de tonos cromáticos. Me interesa expresar el color verdadero, aquél que surge de las combinaciones que demanda el acto mismo de pintar y no el que imponen necesariamente los colores primarios. Gracias a ello, es posible articular una suerte de paraíso, que es lo que soñamos, aunque no sepamos dónde está, ni el tiempo que lo cobija. Pero eso tampoco importa. Se trata de pintar con el corazón."

Liang rechaza la afirmación de que la pintura tradicional china se circunscriba exclusivamente a la tinta china. Reconoce que el mundo es hoy muy pequeño y que las tendencias planetarias en todo sentido circulan ahora con mucha mayor facilidad. "Ya no es posible hablar de oriente y occidente como mundos separados, como tampoco se puede hablar de técnica o espíritu por aparte. Vamos hacia la búsqueda de la armonía, aunque desde ópticas particulares. Yo no soy un filósofo, pero me propongo reflejar en mis pinturas un ideal de vida, con todas sus armonías. Me interesa el mundo que queremos alcanzar, el que soñamos y aspiramos, ese es el universo de mis cuadros."

Rostros imaginarios

En sus propuestas la perspectiva es horizontal y vertical, aspecto que lo convierte en un contemporáneo. Interesan sus figuras en la medida en que nos evocan situaciones, momentos en el tiempo donde creemos reconocer una aspiración, una voluntad de vivir. Y si hay un movimiento interior en esos cuerpos sin rostro que aparecen en sus pinturas, en sus atmósferas y ambientes existe un estatismo envolvente. Estática y dinámica, pausa y acción, son los polos dentro de los cuales surgen sus creaciones.

En sus cuadros interesan los rostros imaginarios, aquellos que se buscan y que reflejan "lo que queremos soñar", como bien lo señala él mismo.

"En el mundo no existe la fealdad más que en aquella gente que no posee personalidad o carácter. En la mujer, en lo femenino, existe una vocación, una voluntad de afirmación que me despierta un sentimiento de recreación y búsqueda de ese rostro imaginario que nunca encuentro pero que no dejo de buscar, porque el acto de hacerlo logro traer ráfagas de aire puro hacia los demás."

Para Liang, esta época representa el olvido, la incapacidad para recordar la forma, construir "una personalidad completa. Eso es un mal de nuestro tiempo", concluye.

Un total de 30 obras entre pasteles, óleos y técnicas mixtas exhibe, durante una semana, el pintor chino Roberto Liang en el Museo del Jade del Instituto Nacional de Seguros.

El pasado en meditación, óleo sobre tela de Roberto Liang

Soñar la vida

El destino de la existencia, óleo sobre tela de Roberto Liang

梁君午的作品世界巡展时,各国媒体竞相报道。

梁君午的作品世界巡展时,各国媒体竞相报道。

不仅是优势,更是值得尊敬的地方。当代的艺术更讲究地方性特色的体现,而中南美洲的各个国家都有其代表的画家。素材是大家都可以用的,关键是你如何用,是你绘画的理念和那种感觉。

带着作品看世界

刘 梁老师的世界巡展去过不少国家,关于各国不同的艺术观念和艺术气氛,您有什么样的体会和感受呢?

梁 有区别却也可以说又是一种大融合。

像西欧这些国家,我们都知道,它有一种绘画艺术的传统传承下来。而美国,是一个历史相对短的国家,他们的艺术观念跟文化古国的艺术观念自然是不太相同的。我们中国人,讲究自然,讲究天人合一。我们的美学观念源于自然,即大自然的一切本身就是一种美丽,它是客观存在的,关键是如何去表达这些美,那是我们该去思考的,去寻求一种艺术形式来表达这种已经存在的美。

去美国办展的时候,我发现他们艺术观念中有一种理性和感性的冲突。矛盾与对立无时无刻不在寻求着一种妥协。然而正是在这种对立矛盾中的和谐造就了它另类的一种美学观念。但当我去到中南美洲,我就发现他们仍旧维持着一种传统的文化,姑且称她为一种文明吧。他们的画透露出一种单纯,令你觉得他们是那么可爱。他们的草药、他们的巫师,我同样能在中国的传统文化中找到相似之处。

这一路世界巡展下来,我就发现:对于艺术,你再怎么追讨,再怎么探索,都不要忘记你来源于这个大自然,不要忘记你是大自然的一份子。所以天人合一的观念还是深深地根植在我的心里面。所以我想我的创作归根结底与这些冲突有关,可我会用另一种思维往好的方向走。和谐的方向,美学元素中生活的方向,这才是我艺术创作真正的方向。

刘 任何展览,它的对象都是来观展的人。梁老师您能否比较一下在美国办展和在中南美洲办展时的感受?

梁 中南美洲是这样子,看画的人很多,然而买画的人不多。但这不妨碍他们对艺术的热情与爱好。而美国,它是一个商业化程度很高的国家,我在那里办过几次展览,给我的感觉就是,有人来看你的展,他就是抱着对画的兴趣与收藏的目的来的。看了,谈价,合适就买下,不合适就离开,很干脆。但中南美洲那边可能不太一样,一个人来看展,他也许爱上了某幅画,他可能买不起,但他会一而再、再而三地跑来看,你的展览持续多久,他一天不落地就跑来看多久。而美国的艺术产业是一整条文化艺术产业链,从前期的宣传到画的筛选,哪些画可能会有什么样的人欣赏,还有结束后的酒会,它有一定的惯例和次序,做得非常周到;而中南美洲在这些方面会做得更随意一些。这是两种态度,不太一样。

刘 我可以这样理解吗,美国的收藏家都较为职业化,目的性比较强;而中南美洲的收藏家都比较朴实,对画本身有很大的热情?

梁 也不能完全这么说,不是百分之百。我给你举个简单的例子,美国的设计行业,比如说室内设计师,他肯定会认识几个艺术家。在他设计房子的时候,就会连带着艺术家的作品,画啊什么的都会设计进图纸里,卖房子连带着画也一起卖掉。总而言之,整个结构是非常严密的。但不是说中南美洲没有这种现象,也有的。一个较有地位和名望的人在设计房子的时候也会把一些艺术的元素设计进去,或者建议屋主购买哪个艺术家的作品,等等。

只能说一般情况下,中南美洲的人民主观性观念比较强,和西班牙人的艺术观念更为接近。他们喜欢自己去逛艺廊,喜欢自己去选画,哪怕画不贵,或者画的作者刚出道不久,但他们享受其中的过程,自己选的会很快乐。但这仅仅是思维的不同罢了。

美国也有一些地方做得不错,比如迈阿密。迈阿密他们有一个做法,就是每天早上固定有个车子,免费地带着对绘画有兴趣的人,一路带着他们去城市的各个画廊看展。我觉得这种做法挺好的,不是针对买画的收藏家,而是针对真正对艺术热爱的人。现在台湾地区也试图推行这种做法,置几辆艺术巴士。把城市中博物馆、美术馆等的线路串联起来然后提供免费巴士,每站停半个小时。迈阿密他们这是一种常规,台湾地区也想做这个。我觉得这种做法真的不错,大陆也值得推广一下。

我们在迈阿密看展,会碰到这种巴士,下来一批人,看二十分钟。有时候他们还自带解说员,因为很多人不懂啊,导览会帮助他们理解。我认为艺术兴趣是可以培养的。美国也不完全是商业的,有些地方做得还是不错的。还有美国纽约,他们的画廊很奇怪,和欧洲画廊不同,他们的画廊会在一栋高楼的第20层,这个情形就有点麻烦,你肯定是专门要去看展才会跑去看。可欧洲不同,他们的画廊都在一楼,和店铺一样。没有那么商业化,比较大众化,你出门逛街就可能会进去看看。

刘 那亚洲地区,比如中国台湾地区、中国香港地区、中国大陆、韩国、日本,在这些地方办展的过程中有没有什么感触呢?

梁 拿日本来说,我举几个简单的例子。第一个,很多日本画家来马德里学画,他们去的是私立艺术学院,不求文凭,要学的只是实力。他们最大的梦想就是学成后能够在马德里开一个短期的展览,哪怕三天也好。能开展说明他们有了这个实力,文凭倒是可有可无的。那大陆我不太清楚,可中国台湾地区很多学生都是抱着我要拿个文凭回来的想法去学画的。这一点,思维上有所不同。第二个,当日本的画廊喜欢某一位画家的时候,他行动力很强。我经历过一个很有趣的小故事。一个日本画廊的老板,提着小手提箱,里面装满了现钞,慕名前来。他对我说,他现在要开一个联展,希望能够从我这里带几幅画过去,那这几幅画多少钱他就直接把现款给我,然后拿了画自己想办法运回去。非常干脆,这是日本带给我的两次经验和印象。

那至于台湾地区,画廊与画家签约、办展、抽成等等,一般来讲,还算是比较欧美化的。至于行销包装,各地都有。不管什么行业都是,艺术市场也一样。只是因为现在大陆市场财力雄厚,大家都喜欢走拍卖的方式。香港、新加坡也是一样,喜欢走拍卖的方式,但这是欧洲比较少见的现象。我的画在欧洲已经被收藏了几十年了,但在拍卖市场出现的次数几近为零。原则上来说是这个情况:他们当时收藏你的画,是因为喜欢,不是因为投资翻两番的收益。一幅画就算变成遗产,儿女如果喜欢也断然是不会拿出来拍卖的。所以欧洲这边的收藏更多的是一种传承、传家。所以我说欧洲是收藏的消费,而大陆、台湾也许是消费的收藏。有点不同。

刘 梁老师您出生在成都,生长在台湾地区,但艺术生涯主要还是在西班牙。每次回来办画展,您的心情是否有所不同呢?

梁 当然会不一样。我在欧洲办画展,画廊或是来的当地艺术圈的朋友我都非常熟悉。就算是平常争执再多、再激烈的朋友,到了画展的那一天我们都会碰一下

梁君午亲自为展览布展。

梁君午个展。

香槟,然后愉快地交流,在欧洲办展可以说是一种快乐的展示。而今我回来办展,不太一样,我个人会觉得我从国外回来,面对我的故乡,我是来经历考验的。大家会用很严厉的目光来看看你有几分斤两,而我自然希望自己能不负所望。所以说,我觉得回来办展的压力会更大。我从没有觉得自己欧洲学成归来就肯定是更加优秀,倒是我会给自己压力。我时常会问自己能不能真的给国内艺术圈的朋友们带回来一些有价值的东西,办几个值得看的展览。在故乡办展,我对自己的要求会更高。

刘 在世界各个地方开画展,一定会发生一些不可思议的事情吧?我知道您有一个泰坦尼克故事的奇遇,我想请您讲讲这个故事。

梁 谈起这个故事的话,蛮有意思的。不太记得是2005年还是2007年的马德里画展了。我开画展有个习惯,就是下午一定会待在画廊,然后和一些艺术爱好者啊、朋友啊交流心得、看法。有一天下午,就有一位瘦瘦高高的中年男子跑过来找到我说,他很喜欢我的画,然后想和我谈个事情。那我说可以啊,谈吧。可他说这个事情不能在画廊谈,非得拉我去别的地方。我推拒了一下,但他很有意思,直接就抓起我的手把我拉出去了,边拉边说,"这真的是很重要的事情啊!我家就在附近,不会耽误您太多时间的"。那画廊的女主人也说让我去一下,所以我就被他拉去他家了。

等到了他家以后,他才开始和我介绍说他是位男爵,叫Río Tovia,然后开始说把我拉来的缘由就是托我帮他母亲画一张人像。画人像是一件蛮累的事情,所以我是一般不轻易接受委托的。可他态度很坚定,他恳请我一定要帮他完成这幅画,因为它与历史有关,与泰坦尼克号有关。我一听泰坦尼克号,就来了兴趣。然后他就拿出了一叠资料铺开在我面前,为的就是告诉我他所要讲述的故事不是他杜撰的,而是有历史记录的。他指着其中一张旧照片中一个典型的19世纪欧洲贵族女性装扮的女子,那女子戴着大圆盘帽,穿着那种带纱的裙子,拿着一把黑伞轻轻地倚靠在栏杆上,他告诉我说这个人就是她母亲,当年她只有18岁,是泰坦尼克号的幸存者之一。

但是说完以后他就和我讲,他特地找到我,希望我画的这幅人像,其中的人物既不是照片中这位18岁的少女也不是按时间来说现在的老妇,因为他母亲已经过世了。他们家族决定要给这位妇人画像是想将她与他们最亲密最美好的一段时间里的那个形象永久地保留下来,大概是他母亲50岁左右的时候。可是由于曾经遭遇了一次小偷的光顾,在那段时间里,很可惜没有留下任何影像。除了18岁的那张模糊的旧照,以及她去世前的一些照片以外,我必须靠自己的想象来完成他们心中最美的那个母亲。他们家族曾经也开过一个贵族会议来商讨由谁来画这个肖像。当时虽然最后勉强是选定了我,但他们对我还是抱有疑虑的。一来我是个中国画家,他们觉得我从来没有画过这种西方的贵族女性,不好把握;二来这幅画还真的难画。为什么?第二天,他把一些准备好的资料统统拿给我的时候,连我自己都怀疑自己能不能胜任了。因为所有的照片加起来10来张,而且大部分都是70岁以后的照片外加一张、仅仅一张18岁的糊掉的照片,所以这个真的很难。那他把资料给我后,就开始娓娓道出他母亲的故事。

她的母亲叫作荷塞华·贝蕾丝·德·索多(Josefa Pérez d e Soto),出身豪门巨富,她结过两次婚。她在18岁的时候嫁给了维多·贝尼亚斯克(Víctor Peñasco),他是巨额遗产继承人,祖父乃西班牙国王,阿方索十三世(Alfonso XIII)的总理大臣,也就是她的第一任丈夫。两人新婚以后,就按当时贵族的那种风俗去度蜜月了,环欧洲游。他们在出发之前,有一件很奇怪的事情。那个男孩子的母亲曾经特别召见他们两个,说有人给这位夫人提醒说要告诫这对新人新婚宴尔在度蜜月期间必须远离水多的地方,所以这个男孩子的母亲就跟他们说不许坐游轮,不要去海边,那他们也同意了。但你也晓得,年轻人嘛,当他们在欧洲玩了一段时间再度回到巴黎的时候已经觉得厌烦了,就是想找点别的新鲜事做做。当得知有条大邮轮QueenMarry要开去美国的时候,小夫妻两个就动心了。为了瞒住家里人不让他们知道要去英国坐船,他们就把管家以及预先写好的大大小小的明信片留在了巴黎,就这样两人带着一个侍女偷偷地跑去坐船了。可是,偏偏到了英国以后,发现Queen Marry 的头等舱位已经都满了,那怎么办?没关系,因为正好碰上了泰坦尼克号开航,而且头等舱还有船位,于是他们就上了泰坦尼克号,而且还特别谨慎地为了不让家人担心而在旅客名单上把两人的名字都给改了。结果不幸就真的这么发生了,正如泰坦尼克号海难中众多没能幸存的男性一样,也正如电影所拍摄的场景一样,其实原本她的丈夫已经坐上了救生舱,但他碰上了一位妇人带着一个孩子还没有上船,因而他把自己生存的机会就让给了妇孺,任自己丧生海底。你要知道他顶多20来岁,所以这才是真的男人,真的gentleman。

西班牙这边的家人虽然已经得知了泰坦尼克号事件,但由于当时名字故意留错的缘故,所以他们还一直庆幸自己的孩子没有坐上那艘邮轮。后来辗转得知这个悲剧真的降临在这对小夫妻身上的时候,可想而知两个家庭尤其是男方的家庭该经历怎样的从庆幸到得知真相以后的丧子之痛!女孩子获救以后到了纽约,后来回到西班牙,过了很久以后,她就嫁给了他的第二任丈夫。这就是一个真实的泰坦尼克号上的故事,不是杜撰的。

最后我还是接受了他的请求,在画这幅画的过程中还有蛮多有趣的小事可以和你说。为了了解那个时代泰坦尼克号头等舱里女性的穿着是怎样的,我把那个电影里舞会的那一段场景不知道来来回回看了多少遍,反复研究,这是一个;第二个就是他们那个时代女士的珠宝真的是很讲究。我所要画的女子有一个卡地亚红宝石胸针,这个红宝石系列是记录在卡地亚珠宝史上的一个经典珠宝设计,所以我还特地跑去找了那个图纸,对照着才画出了他妈妈胸前的那个别针。还有当时她哪一根手指戴的是什么样的戒指,姿势是什么样的,等等,每一个细节都很讲究。最困难的就是我要把18岁的少女和70岁的妇人做一个融合,画出50岁的她。所以这张画我画得是蛮辛苦的,前前后后也请他不断来看我的画,看我画得是不是传神,像不像,因为只有他见过他母亲我又没见过对不对,所以请他来反复看。他看完后再是那些贵族看,所以最后他们看了也觉得很好就由他们拿去配了画框。值得一提的就是,他们这些西班牙贵族至今还是保有他们的那种贵族传统,一言一行都很古典。所以他们拿去配这幅画的时候也是挑了最豪华最古典的那种画框,不得不说,这种古典和油画搭配在一起简直是绝了。这段故事的来龙去脉大概就是这样。

梁君午受 Río Tovia 男爵邀请为其母亲也是泰坦尼克号幸存者画像。

享誉西班牙

刘 全球范围内的展览使您的作品被越来越多的人熟知,您的创作能力和水平也得到了业界的高度肯定。其中,有一个很重要的印证就是您的作品在1990年被西班牙皇家美术院收藏,还记得是哪一幅作品吗?

梁 谈到这个我想先谈一下在那以前的一件事情。大概是在那之前的两三年前,当时西班牙有一个基金会出版了一部书叫作《西班牙的艺术辞典》。这部辞典就是将20世纪西班牙当代艺术家的资料整合编纂而成的,那里面自然包括毕加索他们那些大师,但同时也补充加入了一些新人,即他们认为有资格被收进辞典的艺术家、画家等。很幸运的是,我也被列入了这个20世纪西班牙当代画家的行列中。

那我们再来说一下圣法南度皇家美术院。欧洲每个国家都有圣法南度皇家画院的分院,这个美术院它本身其实不能完全称作学府吧,你可以将它理解为艺术领域最高阶层的一个机构。这个机构的运行自然是包括收藏当代一些艺术作品之类的相关工作。很荣幸的就是,有一天我接到他们的来函,称他们想要收藏一批关于20世纪最有代表性的当代画家的一批画作,那问我能不能提供一幅作品给他们,作为这一批画作的候选。那次他们要收藏的一批画作是素描、粉彩一类的,对我的要求就是能提供一幅具有西班牙特色的粉彩画,我当然是欣然同意。我还记得我提供的那幅作品大概是90cm×70cm的一幅大幅画作,题材自然是人体。后来经过他们开会通过,这幅画作就被正式收录了。承蒙他们注重细节,最后还颁发给我一个收藏证书。之所以说前面那部《辞典》的事情,主要还是觉得他们是在《辞典》出版以后,看过里面的画作了,觉得应该可以收藏一幅我的作品。

刘 《辞典》一般都是索引式的,所以关键词就是您的姓名,和毕加索他们一样?

梁　那本辞典它不完全算是索引式的，不像我们普通的英文字典按 ABC 排列，它里面是有篇幅报道的。比如毕加索，那起码有两页或者以上。我的篇幅肯定是不大的，但也不算差，因为有半个 page 的报道不说，而且里面竟然还收录了我一幅油画作品的彩色图片。所以对我来讲，已经相当满意了。

刘　我可以问一下为什么要求提供粉彩作品么？

梁　这个皇家美术院他们光收藏艺术品这个工作就分为好几个部门，有油画部门、素描部门、版画部门等，它分得很细，当时那个部门是专门负责素描、粉彩这一块的，要求画家提供的自然就是相关的作品。

　　提到素描，我也想提供一些资讯给我们国内的艺术圈。素描在欧洲绘画领域所占的比重和份量其实是很大的，比我们国内理解的那种程度远远地要重要很多。因为一切艺术的起源都是从素描开始，所以可以说素描是包罗万象的。因此，艺术院要求收藏的素描作品不见得就是所谓的黑白作品，它可以是小的复合素材叠加的作品，也可以使用到油彩、水彩等，也可以是别的形式什么的。所以不能单单以字面意思来理解素描，它其实是广义的。

刘　梁老师涉及的绘画领域很广泛。

梁　除了水墨、国画没有正式地创作过以外，其他统统都有涉猎。我们还在学校上课的时候，各种绘画领域的笔法、技艺都是需要学习的。水墨和国画，学肯定有学，我说的只是没有正儿八经地拿宣纸铺在上面进行创作罢了。其他像胶彩画、蛋清画、塑胶彩画、粉彩画、蜡笔画甚至包括雕刻、雕塑，统统 touch 过。

　　就拿素描来说，它简单嘛。我个人有个习惯，就是不管走到哪儿，包包里肯定都会放有一本素描本、一支铅笔，或是钢笔，或是其他素材。走哪看哪，只要灵感一来都可以想画就画。所以我画素描，那是一种即兴的发挥；能坚持，是因为它最方便也最常用得到。这种习惯保持下来，素描是永远不可能会放弃的。而且直到我回来以前，每个星期我都会去马德里市区那个艺术中心去画人体速写，这不仅是一种放松，还是加强练习的一种方式。毕竟素描是一切的基础。所以素描对我来说很重要，一辈子、绝对、永远都不可能会放弃的。

　　至于油画，我简单说给你理解，油画的地位完全可以比作音乐领域中钢琴的地位。为什么会选择油画，那是因为油画的好处太多了。也许你不太了解，但事实上油画的画法是千变万化的，它有薄有厚，你可以添加各种不同的调味料、素材，最后呈现出什么样都有可能，都可以。所以对我来说，油画是很深奥的，就像永远挖不尽的宝藏。我选择投入到油画的领域，就是为了不断地去发现宝藏，发现惊奇。

刘　您不排斥去画一些其他领域的作品，对么？比如画家艺术院收藏的您的那幅粉彩作品。

梁　没错。如果你对粉彩有所了解的话你就会知道，事实上粉彩这个形式对于国内艺术领域算是相对比较新的东西，粉彩的观念到达大陆也不过是百来年的时间。粉彩它有它的好处：第一，它是干的东西、粉状的东西，所以画起来非常方便；第二，颜色又很多，而且很艳丽。唯一的麻烦就在于处理上，你必须懂得一些技巧，比如喷胶啦，等等。

刘　您的画作不仅被西班牙皇家艺术院收藏，不久后您还被西班牙国王召见了？

梁　那是我重回西班牙大概十二年以后的事了。讲句实话，我在那十几年时间里面，变化还是蛮多的。那段时间应该说是比较勤奋吧，反正专心致志地画了很多画。也因此呢，事业也在蒸蒸日上。在被西班牙国王召见以前，我在马德里的Kreisler画廊已经开过三到四次的大型画展了，也以20世纪当代画家的身份被收录进了那部《西班牙艺术辞典》，在欧洲也参加过大大小小一些比赛，办过一些巡展。谈不上空前成功，就是说在西班牙艺坛上算是小有名气了吧，有那么点地位了。

　　国际观光部是西班牙政治体系中一个很大的机构、一个很重要的部门。因为西班牙是世界第二大观光国，所以这个国际观光部每年都会举办一个国际观光大展——比都国际展。全世界各国都会有艺术家参加那个大展。我记得我在之前的访谈中谈到过我是怎么认识皇后的，也说过巴塞罗纳女伯爵的绘画比赛我是怎么把国王皇后请到我的摊位上来的，这些事我想国际观光部的人应该比我更清楚。所以我记得是在1988、1989年吧，那个时候的国际观光部荣誉主席是由西班牙国王卡洛斯一世担任。当时国际观光部的那些人就有了一个想法，想要呈现给荣誉主席一幅作品，所以他们就在甄选由谁来画这幅作品。这里还有一个特别的观念我也顺便提一下，如果说你被甄选上了，和国内有很大不同的一点就是，你不是免费把画送给他们的，他们是真金白银要花钱来收藏你的画作的。最后为什么选到我，我也不知道。也许正如前面所说，可能小有名气了吧。反正就是有一天接到一个电话，来自国际观光部，电话里就希望和我就此事谈一下，我当然欣然答应啊。再后来我们又交换了一些意见，就是说我希望能维持我一贯的作画风格，既然是由我来画这幅画，那题材就由我自己选吧，他们也都同意了。

刘 这幅画您画的是什么呢？

梁 这幅画我选择了西班牙最著名的世界遗产阿尔罕布拉宫作为背景，一个穿着薄纱的少女正坐在阿尔罕布拉宫前面，对着那个窗户看；画面中还飞过一只白鸽。其中，少女身着的薄纱也是现在西班牙地中海最有名的观光胜地、一个叫作伊比萨岛的带有地方特色的服装，那个地方身处地中海，阳光普照，最有名的就是少女们白色透纱的服饰。我这样的一种构思，就是想将这幅画象征为西班牙处于阳光之下。这幅画，虽然是我自己挑的题材，但是他们也都非常喜欢，受到了一致好评。他们也了解到西班牙皇后很喜欢我的画作，所以后来就决定让我亲自将这幅画呈现给国王。

过了一段时间以后，我有一天就接到了来自皇宫的电报，上面写着几月几号国王想要亲自召见我和我的夫人，和感谢我的画作等内容。然后就有了那次召见，这次召见令我和我的夫人都非常感动。为什么呢？因为很亲切。我和我夫人是开着自己的车去的，画就放在我们车上。当我进入皇宫大门以后，就一关一关地过，有警卫但只要我和他说我是谁，车牌号多少，也没有人阻拦，所以就这么开着车直闯皇宫了。一般情况下，国王都是在马德里的东方宫召见客人的，但我和我夫人去的是国王住的皇宫，国王在他的书房接见了我们。所以照片上你能看出来我们合影的地点是他的办公室，他最喜欢收藏帆船，所以有很多模型等。我们去了以后，国王就出来了，他很高，有190公分，大概50岁左右。见面以后呢，感到他非常亲切，也很客气。他问了一些我在西班牙的生活情况，谈了一些我的艺术作品，还有很重要的一点就是我也和他聊了中国。当时他还没去过东方，所以他说以后有机会一定会去中国看看。

能够觐见西班牙国王，这肯定是我人生最大的一种荣誉了，也是非常非常难得的一件事情。就我所知，还没有其他中国画家，甚至于没有别的画家有过这种荣誉，国王特别给了一个小时和我聊天。最后还有一个细节，就是他主动请他的摄影师为我们俩拍合影。其中有一个很感动的动作你们在照片里可能看不出来，合影的时候国王的手是轻轻地扶在我的腰背后的。这个动作令人感觉很温馨、很亲切。第一张照完了以后，他还和摄影师说再来一张，然后把我夫人请过去三人又合了一次影。所以我和西班牙国王有两张合影。

那次召见的情形差不多就是这样子，但是后来还有个细节值得一提。那次召

1990年梁君午和妻子欧阳湘带着画作觐见西班牙国王璜·卡洛斯一世的合影（左梁君午，中西班牙国王璜·卡洛斯一世，右欧阳湘）。

见以后没隔多久,皇宫就有专人送来了照片。但是在我看了照片以后,觉得有些遗憾的就是国王他没有在照片上签字,哈哈。后来我就随口一说,反映了一下,结果他们就说"好,没关系",然后重新把四张照片又拿回去了两张,拿回去请国王签字。所以后来我再收到有国王陛下签字的那两张合影时,时间是1991年了。再后来,每年的圣诞节、或者大型画展,我都会给西班牙国王皇后两人寄贺卡、请帖。能来的时候他们会来,不能来的时候也会礼貌地回信或回电报给我说抱歉不能来,所以你真的能从细节处感受到这些身处高位的人的亲切。

朋友，卡米洛·何塞·塞拉

刘 您的朋友中有一位是在世界文坛中举足轻重的人——诺贝尔文学奖获得者卡米洛·何塞·塞拉。您在1994年的时候陪他来访过台湾地区，我想之前你们肯定也有一些深入的交往，所以能请您谈谈您和塞拉之间的关系吗？

梁 这个人啊，真的是要看机缘。你知道我有一个好朋友张淑英，她现在在台湾大学，原先是在西班牙学文学的，是西班牙的文学博士。我和她是在她西班牙留学期间认识的。虽然她人很活跃，当时还担任过台湾地区留学生同学会的会长，但异国他乡，毕竟也是个女孩子，一个人住在大学城的巴西馆宿舍也蛮孤单的。我们对她就比较照顾。我在当地他们也称呼我为梁教授，和学界来往是比较多的，所以一来二去大家互动就很好了。张教授在国外无论是不愉快的时候，或者仅仅是想吃个中国饭的时候，总之有空就往我家溜就是了。说简单点，我们家就是她娘家。

她这个女孩子有个了不起的地方就是对文学的那种执着。她现在是台湾地区数一数二的领军人物了，一个很厉害的西班牙专家。曾经有一次她和我们谈起过塞拉拿诺贝尔文学奖，她当时自己就是个学生而已，但她说她曾经冲动地想直接跑去访问他。她锲而不舍的这种态度也蛮感人的，后来她真去了，而且是直接敲门。

那我和塞拉先生是怎么认识的呢？塞拉先生本身不住在马德里，他当时住在离马德里七八十公里的郊外。他每个礼拜都会去一个叫米开朗基罗的旅馆约见朋友，张淑英教授约我共同前往，所以机缘巧合，在那个场合和塞拉先生认识了。我这个人也有个特点，很直。我就和他说，"既然你很有名，你那么厉害，能在文学上拿到这么权威的奖项。台湾地区也有很多大学都有西班牙文学系，你为什么没有想到有空到我们那边去看看呢?"他就回答我说,"why not",为什么不呢。第一次见面,我就半开玩笑地让他去中国台湾看看,我问他是不是真的要去,他说是的。后来呢,就是西班牙有很多文学性的活动,我也会去参加,然后会和他碰面。

再后来有一次,我和张淑英聊天的时候,就提到我们第一次见塞拉先生说要来台湾的事情。当时张淑英快毕业了,就要学成归来了。我就和她说,等她回去,她在台湾我在西班牙,我们两个都努力一下,看看能不能把这个访问台湾之行促成。结果,机会来了,有一年台湾地区奥委会主席吴经国先生来西班牙访问,结果我在马德里和他碰上了。吴经国先生是我在台湾读中学时师大附中的学弟,我是他学长。我和他碰面闲聊时,就有意无意提到塞拉访问台湾的想法,结果他就和我说他有一个基金会叫作奥林匹亚基金会,可以做。然后我一方面就拜托吴经国,请他能不能在台湾帮忙接触一下,争取拿到款项搞定经费什么的;另一方面,我就请张淑英女士和台湾地区的学术界进行沟通,看看能不能找到一个单位,因为塞拉先生唯一的要求就是希望他在台湾访学期间能够得到一个荣誉学位,他会觉得很光荣。所以张淑英女士就联系到了她的母校——台湾的辅仁大学西班牙文学

1994年梁君午陪同诺贝尔文学奖获得者塞拉先生夫妻二人访华。(左起为塞拉先生妻子、塞拉、梁君午)

系,而辅仁大学的校长又恰好是一个天主教的主教,西班牙又是一个天主教的国家。所以在各种因素下,一拍即合。台湾这边没问题了,我在西班牙就是每个礼拜去跟塞拉先生见面,也谈了好几次档期,最后就敲定了六月底塞拉先生10天访问台湾的这么一件事情。我的表弟是当时China line最好的技师之一,外号叫作gold finger,连他也配合说从台北飞到阿姆斯特丹等我们。可是就当万事俱备的情况下,塞拉先生突然开了另一个条件,他说他和他夫人访问台湾是没问题,但是梁君午必须全程陪同,否则他就不来了。那我当然说好啦,所以如你所知,我就变成全程陪同了。

当然,促成了这个事情的结果是很棒的,短短一个星期就掀起了台湾地区一阵"西班牙文学风",在当时那几天的报纸上,每天都是整版整版的关于塞拉先生访问台湾的新闻。台湾地区文学界也举办了好几次讲坛,然后也安排塞拉先生接受了各种媒体的访问。最后肯定也请他参观游览了一下台湾,然后我就陪塞拉先生他们回西班牙了。让我感触很深的是,当我们从德国法兰克福转机后飞往马德里Baraja国际机场时,飞机降落滑行停下来以后,突然机舱门打开,机长从驾驶舱出来请塞拉夫妇与我下飞机。原来,西班牙政府已安排了礼宾司官员来接机,由贵宾室直接入境,这对一个文学家来说是莫大的礼遇,也是一个有文化内涵的国家对文化艺术工作者的一种尊崇。我呢,也沾了这个光。

我也觉得这次访问是非常有意义的,至少让中国人有机会能接触到西方文学诺贝尔奖得主,能够和他有一个互动。我的文学修养不是很高,但是偶尔还是愿意在文学领域凑个热闹,做些事情什么的。之前在上海,秘鲁的那位诺贝尔奖获得者马里奥·巴尔加斯·略萨来办讲座的时候,我在下面也是嘉宾哦。

回过头来继续说我和塞拉先生。后来我和他的关系好到什么程度呢——这也要归功于我太太(的厨艺)——就是每个月,哪怕只要有那么一次没打电话叫他来我们家吃晚饭,他都会自己主动打来质问我为什么还不打过去邀请他,哈哈。所以他是我家的常客啦,每隔一段时间就轻车熟路地和他太太一块儿来我家吃饭。他这么有名,知名度这么高,在我家门口出现的次数又那么频繁,所以也引得我家很受周围邻居和路人注目。有一次他还提议请西班牙国王也来我们家吃饭,我和我太太都拒绝了他的好意,这太紧张了,压力太大。

刘 塞拉先生比您年纪大出很多,您与他可以说是忘年交。那和他的交流会有代沟吗?

梁 没有啊。塞拉先生很喜欢和我谈女人，因为他文学的主题是人，我们对人的探讨也有很多共同话题。塞拉先生这个人也很风趣、豪爽，讲话口无遮拦，蛮大方的。所以和塞拉先生在一块儿，没什么约束。我们都是有什么讲什么的，谈艺术、谈哲学。比如当我要开画展了，我就和他说你总得给我写点什么东西吧，他就说没有问题啊。可是塞拉先生是不用打字机的，他所有的文学稿件统统都是手写的，所以我的那篇文章他是一个字一个字手写出来的，让人真地觉得很有诚意、很感动。

我家里还收藏了很多塞拉先生送给我的东西，譬如他 80 岁的时候西班牙艺术界用电脑制成的全部都是 ABCD 字母组成的一个他的肖像版画。我家里的那幅是他送给我的签名版，别的地方没有的。我还有一整套他的文学全集，总共 46 本，也是签名版的。所以塞拉先生真地留给我很多美好的回忆，我和我太太都很怀念他。哦，对了，他对我太太特别好，因为他馋她做的菜，哈哈，他爱吃我太太做的中国菜。我太太不仅手艺一流，还很用心，每次都会做不一样的菜哦。但塞拉先生也会点，比如上一次他吃到哪个菜很好吃他就会要求我太太下一次继续做这个菜。

梁君午与塞拉夫妇摄于马德里一酒会。

刘 塞拉先生是2002年过世的,梁老师有没有参加他的葬礼呢?

梁 塞拉先生逝世的时候我正好在马德里,所以说当塞拉逝世的当天,按西班牙的规矩,他的灵堂就设在他逝世的那个医院里,我立刻就和我太太赶去了。过去的时候在里面悼念他的人已经相当多了,但有些人只是鞠个躬,有些人会给他写悼念文章。我去到那边以后,我和他的关系是很亲的,所以就在那边排队写悼文,我在排队的时候,我跟你讲,天下就有那么巧的事情,我前面是西班牙的总理,我后面是西班牙国会议长,我都惊讶是在这么一个场合遇上两个这么重要的人物。那不管怎样,大家还是规规矩矩地排队。那天真的很难过很难过,不容易的,能遇上这么一个朋友。我给他写悼文的时候最后还写了一段中文,很珍惜我跟他的这段珍贵的友谊。

我和塞拉先生的互动其实很多。在西班牙有一些重要的文学活动,他都会邀请我过去,我是托他的福才有机会近距离瞻仰西班牙文学殿堂。我还可以给你讲这么一段故事,塞拉先生在台湾访问期间住过院,所以除了他夫人以外我是对他身体最清楚的一个人。他当时在台湾住院期间的衣服换洗啊擦身啊,全部都是我来做的。所以我直到现在,都很怀念他,讲到这个事情我就很难过。

刘 他有没有和您谈过对您画作的看法?

梁 他对我的画作很欣赏,但是他对我的西班牙文很不欣赏。他觉得我的西班牙文没有文学性,因为我常常会把西班牙文的文法搞错嘛,但他最后对我还算宽容,送了我一句话,说是和梁君午谈话不要去考虑他的西班牙文,知道他的意思就够了。但他对别人就不是那样了,哈哈。他碰到我另一个朋友,他就会纠正我朋友的话语,会告诉他用另一个词表述也许会更好。一般来讲,我们学艺术的只要艺术方面的词汇不出错也就够用了嘛,但是碰到他们这样的大师,他遣词的智慧那可真的是令人仰望的。他讲话智慧、奥妙而又风趣。

刘 那您有没有和他聊过他的作品?

梁 他的作品正如他自己所说,就是为了描绘世界的形形色色。他常常用一种隐喻来表现人性的种种变化,所以他笔下的人物很复杂。生活中就像我随身带着素描本一样,他也随身备着小本子,随时随地做记录,以后说不定就能在他的文章中用到。所以他有很多很多的小笔记、手抄本。其实他从台湾访学回来以后,也记录了那么几件事情然后写成文章,在西班牙的报纸上刊登过,我看了以后就发现很多细小的如地名、人名都完全正确,这也是他的一个优点、闪光点。

刘 有人评价塞拉先生说，"他是一个充满激情、视野开阔、渗透着感悟的智慧并体现了完美的人道主义"，您觉得这个评价贴切么？

梁 没错没错。你看他用的几个词汇，激情、智慧、人道主义，这就是塞拉没错。对塞拉先生来说，红酒就是水，吃饭的时候，他从来不喝纯的水，他只喝红酒，而且很懂酒。所以碰到塞拉先生这种人，只要给他好酒一杯，话匣子马上就打开了。很多人说塞拉先生严肃，因为他有时候说话用词很犀利，但事实上他是非常亲切、友爱的一个人。我和我太太都能感觉到，像塞拉先生这样的人，他们对人的关心与爱，不一定是通过言语来表达的，往往是通过细节表现出来的。交往很多年，出于对塞拉先生的尊敬、爱等种种原因，我知道他也没有我的画嘛，所以我就送了一张小幅的画作给他。

刘 您和塞拉先生有一位共同的朋友，就是国王？

梁 对。事实上人与人的关系就是这样，一个带一个。我先认识的国王，可是我和国王不可能说有交情什么的。塞拉和我又是有缘。我自觉与他们的差距那是很大的，但是交朋友不是比这个，只要以心交心，就够了，他知道我和我太太对他很好就够了。我跟你讲，如果我梁君午今天算是还可以的话，我太太绝对居功很大。因为她是一个很细心、很会照顾人的好太太，就连我的朋友们她都照顾得非常好，所以我的朋友如塞拉就都很喜欢她。

自成一派的绘画观

- 所谓底色，其实就是一些中间色的色彩；有一句话一直刻在我脑里、心里，那就是「绘画是一种对灰色的探讨」。
- 任何一个颜色对我而言都是一样的，但最重要的是颜色底下有无穷的颜色，有我全部的思维。
- 我比较偏好不规则的构图，我觉得这也是对自己的一种挑战……换句话说，我的构图很现代，同时，我觉得在不平衡中去求得平衡。
- 我与模特双方在了解的基础上产生了一种沟通。一幅作品中若存在双向的沟通，那作品必然会非常感性。
- 当我的画，仅仅停留在视觉的感官层次上，那它不过是一个三维的东西；可当它融入了音乐，三维便开始还原，渐渐还原。于是从那一瞬间开始：我的画里有精确的时间，有精确的空间。这个维度里有我想要的全部，展现的就是一个活生生的并且有品位的「我」。

画画在一张一弛间

刘 因为自己给自己施压,所以您至今仍坚持每周至少画两次素描?为什么对自己这么严格?

梁 我认为这是一种兴趣。当你将兴趣作为职业的时候,你也不会觉得苦,对不对?就好像喜欢打麻将的人,他几天不摸麻将不是就手痒了么?喜欢抽烟的人,饭后不抽一支烟不是就浑身难受了么?我倒是真的不觉得苦,我想我生来真的就是该画画的,那我维持这种习惯对自己来说是一种磨练,也是一种警惕。艺术这个东西需要你不断去磨炼自己的技艺,不进则退。钢琴师三天不弹琴,他的手指头就会僵硬;一个画家三天不画画,好的线条又如何出来呢?所以说,我尽可能维持这个习惯。但老实说,我画画的过程对我而言是最放松的时候。创作过程,怡然自得;偶得佳作,欣喜若狂。

刘 难道在您从事绘画的几十年中,从来没有经历过不想画画、情绪非常低落的时候吗?

梁 有啊,怎么可能没有,我腰斩的画作太多了。有时候要办一个画展,作品不够,当你要为凑展品数量而去画画的时候,那就十分痛苦了。在那种时候,我的经验告诉我,放下画笔,走出房门,打打高尔夫,找个地方短途旅行,换一种空气,回来都会是一种灵感的获得,一种新的开始。

刘 一张一弛,经历了情绪的起起伏伏后,是否对艺术的理解更加深入了呢?

梁 我觉得艺术成熟的步伐和步调是跳跃性的,他不是拾阶而上,一步一个脚印的路子。比起单纯的技巧式的训练,也许当你不去作画而是不停地观察,不停地思考时,你的艺术水准能求得更多的突破,思考比技巧会更加有用。我也常常会和学生说起我自己的亲身体会,当你画了三四十年画以后,技巧不敢说炉火纯青,但至少也是到达某一个高度了。想要再要精进,可能是可能,但绝对不会很快。真正成熟的艺术理念,高水准艺术作品,是要看你在其他方面的所见所闻,所学所得,比如旅行、看书、学习,还有与友人的交流等。一个艺术家成熟不成熟,到后来是与你的智慧相关的。所以一个好的作品不仅仅是一个工匠的作品,大师之作往往都是吸收了生活的经验与人生的智慧以后才能造就的。一个大师的作品想要包含人生哲学的理念和对生命价值的探讨,那不是拿画笔磨炼技艺就能达到的。懂得生活,能够吸收生活,充实自己的生命,我想这才是一种好的方法,才可能成就一幅好的画作。

刘 您对生活中发生的事物都抱有热情,就像您不排斥一切绘画方式一样?

梁 对的,就像我之前说的,我喜欢一切绘画的表达,比如粉彩吧。我喜欢粉彩有两个原因:一方面是因为我本身对素描感兴趣;另一方面就是我自己觉得我对色彩还是很敏锐的,尤其是我还特别发现自己蛮擅长处理粉彩底色的。可以说,我对粉彩底色的使用不敢称行家,但敢说地道,比较会利用它的底色来服务我的作品。还有就是粉彩如何表现人体肉色与底色的互动,这方面我能拿捏得不错。在西班牙,我的粉彩作品算是我的一个特色。为什么这么说呢?西班牙几乎所有的画家都接触油画,百分之百的,但是不是有太多人会去接触粉彩,因为他们不敢尝试。但我倒常常会有令自己也觉得比较惊奇的、好的粉彩作品出现。我在每年的某段时间里,自然而然地、情不自禁地就会从事一些粉彩的创作,所以也就很自然地粉彩变成了我另外一个创作源泉。

所谓底色

刘 您提到了底色的处理,这方面您能再给我们详细说说么?

梁 我在学校的时候,老师并没有很强调底色上的处理。他们并没有把底色当作专门的课程开设,因为底色是绘画的基础。比如油画课,其实它就是绘画课,绘画课它还包括壁画课、版画课、粉彩课等,这些课程都会谈到底色的问题。自达·芬奇以后,用粉彩作素材、打草图的真是太多太多了。所以我最开始在学校也就是拿粉彩来画画速写、画画草图、做做样稿,久而久之,我就渐渐发现这个底色和粉彩之间的那种互动,是那么的深奥、有趣。

所谓底色,其实就是一些中间色的色彩。有一句话一直刻在我脑里、心里,那就是"绘画是一种对灰色的探讨"。所以我常常喜欢以不同灰色的纸作为基础,在中性的色彩中以洗白的手法,渐次地加入亮点,再补上暗影。就在这来回加减的过程之中,我个人感觉到有无穷的奥秘在里面,而我深深陶醉在纸张和颜色的这种互动中。慢慢地试验加深了这种了解,等到以后再学习到相关的艺术理论和艺术史上有关于粉彩的资料的时候,就发现原来我悟到的这个东西还真有它的道理在其中。当你生活在某一个环境之中的时候,你不能忘记你的环境是什么样子的。就好比大自然中的动物会有它的保护色,这个保护色就是与它所处的环境有关的。换句话说,就是与周遭的环境融为一体,即"天人合一"。

所以说,画粉彩的诀窍,讲的玄乎一点就是既要融入那个环境,更要突出那个环境,那个环境就是底色。这也正符合我平日上课一直强调的那句话,"你心中有我,我心中有你;而你还是你,我还是我"。绘画是相通的,所以说到底都是一样的道理。粉彩利用了现成画纸的底色,拿油画来说,油画的画布虽然是白的,但落笔之前还是要打上你心中的底色。再深究,西班牙艺术史上,文艺复兴期间,很多大师的作品底色都不是白的,中性色、橘红色各式各样都有,只是各自运用的技巧不同罢了。

所谓题材

刘 您为什么会选择女性作为您绘画的题材？而她们又是在什么地方打动了您呢？

梁 初生牛犊不怕虎。小时候临摹名画就是因为被这些世界著名画作吸引了，无论是达·芬奇，还是米开朗基罗，你会注意到我临摹的对象都是人物。不一定是女性，但我喜欢人物。慢慢地长大，我也渐渐会有一种理解，作为人，不歌颂人本身这不是很奇怪吗？研读艺术史、历史，我发现人类进化，历史发展的过程本身就是人认识自己、发现自己、超越自己的过程。文艺复兴后，"人性"复苏，解剖学等课程的出现帮助我们又更深一步地了解人。

西方是上帝创造万物，有亚当、夏娃的故事；中国也有传说，女娲补天、女娲造人等被代代传颂。传说中女娲造人，用黄土造的是好人，可后来时间来不及了，用稀泥拿麻绳甩出去的最后都是坏人、穷人。所以从古至今，你只要去研究就会发现，在中国我们一直都是很崇拜人的。包括你看古代壁画，里面有多少造型很朴实的裸体像，是那么原始、那么朴素、那么纯真。法国的雕塑家罗丹曾经说过，"这个世界上没有任何一种起伏优美的曲线可以超过人体"。而这人类的结构中，那起伏的曲线、细腻的皮肤，尤以女性最美，所以说这些东西很大程度上影响了我对人体的欣赏。

但那些影响仅仅是物理上的、视觉上的。除此之外，还有一种感性的因素在里面。这里我顺便提一个很有意思的事，端午节我们纪念屈原，屈原在《离骚》里面写了很多美女。我们看的人不仔细研究会错把"美女"当美女，但其实美女就是屈原自己。庄子说过，中国的美女是代表德与善的，至善盛德是为美女也。苏东坡也在他的赤壁赋中说，"桂棹兮兰桨，击空明兮溯流光。渺渺兮予怀，望美人兮天一方"。而美人,即君子。所以中国的美女不单是表象的美,它还讲究一种内心的美;不是简单的一具肉体,它代表的是一种思维。因此,我的画里面的女体不仅仅是一具肉体,它里面有我隐喻的思想,她代表着我的小宇宙。你说女体是我的创作题材,但她也是我的创作风格。你看到的是具象的人体,但其实我只是借这具女体来表达我的全部思维。一个表情、一个动作,其代表的含义是完全不同的。就如同样的红与同样的蓝,每个人的理解是不同的,它里面充满了很多密码,密码需要你自己去解开。

所以我必须得强调的是关于我的画、我所画的女体,她不代表肉体,她是我的整个世界,整个宇宙。我想向大家传达的是,我不是在简单地画一个女性;裸体,这个裸体她有一种延长的思维在里面,深刻的内涵在底下,这个东西是需要靠你们自己去感受的。

刘 我观察到您在西班牙时创作的很多作品中女性都是以背部示人的,这是巧合还是有意而为之呢?

梁 我有一段时间认为,女性最美的就是她的背部,事实上我至今还是这样认为的。但是我为什么在欧洲画的背部会比较多一点呢?这和人种有关。中国女性与欧美女性在身体结构上是不太一样的。我们的骨架、胸腔都是比较扁的,所以我们的背部都是平的,有肉但是没有骨感。而欧洲女性是有骨有肉,轮廓鲜明,她们背影的曲线和背部黑白、冷暖色调的变化是非常吸引人的。所以在西班牙那会儿画的会比较多,但是在国内偶尔也会画。这不是绝对的,还是要看模特,看个人。

我觉得这还是应该算作巧合,我也碰到过很瘦的模特,浑身都是骨头,这时候就需要你懂得如何去遮盖她。该表现的表现,不该表现的一块布就盖过了,然后由布去表现那种你看不到的神秘。由此,另一种神秘的美感和思维就这样产生了。

刘 模特是您绘画作品的一个很重要的元素。请您具体谈谈一个模特对画家意味着什么?

梁 对一个画家来说,模特、画布与画家本身,这三者是不可分割的。在这三者中,模特与画家都是活物,而画布是一个二维空间的东西。如何把一个活生生的人融进画家的思维,表现在二维的有限空间上,这充满着无限的可能性。我对模特儿的要求不多,但是我很少画职业模特。原因很简单,职业模特已经形成了一种职业病,她已经习惯摆她自认为最舒服的姿势了,会懂得自己享受舒适了。可至于她美不美,她的线条如何,她却很少去考虑了。我作为一个画家,当我要画一个模

梁君午油画作品《何去何从》。

梁君午油画作品《秋雨》。

特的时候,我的习惯就是我想先认识那个模特。所以我的模特差不多都是我的朋友,还包括朋友的未婚妻、朋友的女儿等等都可以,只要她们愿意做我的模特,基于相互之间相似的艺术观念以及对艺术美的追求,何乐而不为呢?她们希望能够把刹那定格为永恒。作为画家,我自然也希望捕捉那个刹那,并将它镌刻在画布上。

刘 所以好的画家是从来不会把模特最美的一刻用照片定格,然后再画?

梁 好,这里面有一个很重要的东西我想表达哦。我请问你,照片是什么?照片是一个二度空间的东西。一个平面它把三维、四维的东西包括进了这个二度空间,它是一种简化。所以,照片定格了刹那,可你要用它来揣摩三维、四维的东西是很困难的。尽管画布也是一个二度空间,但人眼看到的东西和机器看到的是不一样的。机器也许能看到不同的颜色,但事实上,一幅作品你是怎么画出来的,是对着人还是对着照片,那是非常明显的。同样是捕捉瞬间,画出来的终究还是不一样的。我打个简单的比方,正如我现在看到的桌布是黄的,我就在画布上用黄色涂满一块空间不就行了。不是这样的,天地间一切自有冷暖的变化。用了照片,等于你走了一条捷径。可是就如人生一样,走捷径意味着你会错过那沿路的风景。

所以说我画画有一个习惯,我要观察。观察她的一举一动,观察她的线条,哪一个动作哪一个线条是最美的我就要立刻把它画下来。你看我站在教室摆模特你就知道,她最美的线条在哪里我不仅会捕捉到,而且我让模特摆的那个动作还往往能够代表她的思维与个性。这代表什么?这代表我与模特双方在了解的基础上产生了一种沟通。一幅作品中若存在双向的沟通,那作品必然会非常感性。在此基础上,再共同找到一条美丽的曲线,融合进一种思维的话,这样的作品往往就能打动人心了。第三者看到这幅作品,即使他没有深入其中,切实接触到我们的创作过程,可是他可以通过观看进入到作品里,产生另外一种联想。所以我和模特之间,一般是以这种思维在创作。

刘 据我所知,您与一位模特有长达14年的合作,是吗?

梁 对,其实模特和画家之间的关系,画布与画家的关系,画布与观众的关系,都是一样的。我有这么一个思维:一个作品,最后的完成者是观众。画家对作品的完成只能完成到某一个阶段,而当作品离开画架的时候,用艺术的话来说就是这幅作品获得了一个暂时性的独立。只有当它接触到观众的时候,观众进入到作品中,作品才算是完成。

艺术品的欣赏过程是双向的、互动的、众说纷纭的，所以在作品的创作过程中，模特和画家之间的关系也应该是双向的。一个画家画一个模特，摆一个造型，不是模特认为她该是什么样子或是画家认为她该是什么样子就可以的，在了解与沟通的基础上大家达成共鸣，才能摆出一种最美丽的姿态。这种才叫作真实的艺术作品，它包含着情感在里面。而当展品被挂在画廊里，观众面对它的时候，画与观众的关系又会变成另外一种真实。那多方的真实交织而成的一幅作品又岂是一个故事能够说完的呢？

你提到的这个模特我是看着她成长的，我经历过她的少女时代、青春时代，看着她结婚，一直到现在她为人妇为人母。这一路走来，各种不同的阶段，双方都有不同的感受，我们交流着不同的话语，我画出的画自然也是不同的。但不管怎样，大家都会觉得，"没错，你就是把我心中想要表达的东西画出来了"。心有戚戚焉，这种默契才是最难得的。

刘 您是如何选择模特呢？对高矮胖瘦有一定标准吗？

梁 艺术这个东西是相对的，永远不是绝对的。举个最简单的例子，红与绿搭配在一起，红的会更红，绿的会更绿。橘红与红搭配在一起，橘红变得不红了，红也变得不红了。这都是颜色之间的相互影响。类比一下，一个模特她是不是有魔鬼的身材，天使的脸蛋，这对我来说不是很重要。对画家来说，一个模特最重要的条件就是比例匀称。除此之外，我的模特皮肤的色感必须要好。皮肤色感好与黑白没有绝对的关系，只是有的人可能皮薄，不易吸收光，也不容易反射光，所以皮肤的光泽度不够，对光不太敏感。一个模特身上没有色彩，对画家来说不是致命的么？

第二点，时刻不要忘记你是一个画家。只要不是太夸张的身材变形，一个画家必然能够找到每个人身上特有的美丽线条。奥黛丽·赫本的身材拿来和玛丽莲·梦露比，应该比不上；照模特的标准来看，也没有完全符合。可是有那么多人爱她，欣赏她。世界上有几个女人的美可以像她那样享誉国际，跨越世纪啊。为什么？她的气质。所以我的模特最重要的、最关键的还是这个东西。我的模特有的身高不到160cm，可你在画里根本看不出她的身高，因为她比例匀称。你们拍照时也应该有体会，高的人在某个角度照就显得不高，矮的人从下往上照就显得很修长，视觉是你可以左右的。

总而言之，画一个模特，首先模特带给你的感觉很重要，你要能够用优美的线

梁君午和合作长达 14 年的模特 Manta Men'da,摄于马德里工作室。

条匀称而自然地表现出来；其次,要能够体现她的气质。我的画里面体现出来的气质用一个词表达,那就是高雅。这也是我衡量自己作品的一个标准,也是我自觉做得不错的一个地方——体现女性高雅的气质。

关于色彩和布局

刘 您的画作另一个突出特点就是色彩的运用。我想请问梁老师最喜欢的颜色是不是红色？因为您的许多作品都是红色作为主基色的。

梁 不能这么说。色彩的运用与我当时作画的思维有直接的关系。也许你现在看到的这幅画它是红色，但可能我最初创作的时候它是绿色呀。这种 case 在我身上发生过太多次了。画画就是这样的，一切皆有可能。上课的时候我也说过，颜色分为主观色和条件色。所谓主观色，比如我今天认识你，和你聊天，你刚刚突然要晕倒的时候我会觉得你是灰白色，看你现在精神又好了，我会觉得你灰白又带了点粉红。所以当时画和现在画，用色肯定是不同的。我认识一个人，会直观地感觉她的颜色。正如我听音乐一样，一首我从未听过的乐曲，在听到旋律后我也会将这种旋律自觉带入一个有色空间，红、黄、蓝、绿等。所以说，我最开始创作的时候，当下模特与我之间的那种感觉我会先用一个颜色定调，每次都不一定。可只有你继续下去，随着你的灵感来回不停地实验，直接的感官与条件色的配合在来回地折腾之后，才是最终画布整体呈现的颜色。换句话说，任何一个颜色对我而言都是一样的，但最重要的是颜色底下有无穷的颜色，有我全部的思维。

你看我常画红色，其实画红色挺难，但也有诀窍。我画一个红色会用六七个红去找她神秘的色彩。蓝我也常常画，因为它也有四五个色彩可以让我运用去求一种变化。黄就比较少了，它只有两三种颜色，但你可以自己用灰色去配。所以没有一定的道理，不像毕加索那样，一定是有粉红时代、红色时代、蓝色时代，不一定的。

另外要补充的就是关于色彩的思维，色彩的思维非常重要。在油画中，我们追求的色彩，事实上就是对于灰色的探讨。为什么是灰色呢？因为灰色是色光重组以后产生的颜色。在画家看来，没有纯黑这种颜色，最多是深灰，深灰无限接近于黑，所有色彩的变化都是冷暖色彩之间的变化。我们用一个例子可以得到印证：印刷色的四个套色对应四个字母：蓝色是C，红色是M，黄色是Y，黑色是K。你会发现，任何一种红色绝不可能是100%的红，它可能有90%的红，但有5%的黄，5%的黑。所以我们印刷的时候一定都会提到黑色要加多少的问题。简言之，几乎所有的颜色里面都会有一点黑色的存在，所以说这是一种对灰色的探讨。

  红灰，那是一种红占了95%，而灰只有5%，所以它是红的，但它还是有灰。换句话说，灰红，灰占了95%，而红只有5%，站在灰的立场角度来说，它全是灰；但站在红的立场上只有95%的红与5%的红的差别，都是红嘛。而任何颜色都有灰色，所以我们对颜色的探讨离不开对这种灰色的认知。有了这种认知，学生才能理解到，原来在这么一个色相里面，红可以有那么多种红，蓝可以有那么多种蓝，绿可以有那么多种绿。而所有的一切都与灰有关，正所谓互补色产生灰。

刘 除了对色彩的讲究以外，我觉得您画作的布局也是别具匠心的。您能给我们说说么？

梁 谈到空间就得谈到平衡，一般我们都会致力于一种四平八稳的构图，但这种构图我不是很喜欢。我比较偏好不规则的构图，同时，我觉得这也是对自己的一种挑战。构图为什么一定要四平八稳的呢？也许你会觉得我的构图有些特别，但我在欧洲学画那会老师讲到构图时就谈到，他们的思维不单单是画面几何图形的布局，它有四点构图、动态线条构图等。所谓动态线条构图，比如说一张画里人的眼神往哪里走，手往哪里指，它都会有一种延长的律动感。而我的画里面真正强调的就是动态构图的思维。我的画讲究的是画面重心在哪里，而不是中心在哪里。人物也许在边角上，可是她的重心会把你带到一个点上去，这个点才是这幅画的重心。一个人她也许很重，但当我用一大片红将这种重量拉平你再感觉呢？这里面就运用到杠杆原理。换句话说，我的构图很现代，即所谓在不平衡中去求得平衡。

梁君午油画作品《灰色的冬天》。

梁君午访谈录

梁君午油画作品《白的遐想》。

梁君午油画作品《生命的皈依》。

绘画的意义

刘 我尝试着概括了一下您画画生涯的各个阶段,年少时是兴趣,青年时是求学,中年时是职业,那到了今天,您觉得绘画对您来说意味着什么呢?

梁 这几十年一路走来,有个最可贵的东西,它叫经验。所谓的经验不仅仅是指我画画的经验,而是我这几十年的所见所闻,所学所得,这些才是我认为最珍贵的。

你刚刚简单回顾了我的绘画历程,我也对应着简单地打个比方吧。最开始,也就是我的年少时期,我就像是一个大口袋子,什么东西都想要吸收却不知要吸收什么,所以只好全盘照收。可是当一段时间过去,我也慢慢地学到一些东西后,就会有所消化,有所筛选。也正是在这个时候,才会有一个创作的观念浮现出来,所谓的自己的路子。这自己的路子不是凭空所得而是需要自己去摸索的。所以我觉得,我是历经好几个时期最后差不多一直到 50 岁的时候,我的画里面才有一种我自己的个性,自己的本性、特色、风格出来了。这种风格就是所谓技巧与思维,感性与理性的结合,在我看来这至关重要。一个画家只有在有了自己的风格以后,才不会在艺坛遭受所谓门派之分的压力。因为你可以坚持一个原则,那就是绝不做"吸二手烟"的人。我不想我的画被说成是某个画派的,因为所谓归属于某个画派,那就意味着你不是一把手了。所以我的画,别人只会说,这是梁君午的画。也许它接近哪个画派,但它终究还是梁君午的画。

现在我的思维又有所不同了。我现在所想所做的就是尝试着把这种经验传承下去。有些经验年轻人是得不到的,那是需要自己活过来的。理论这种东西,年轻人有因特网,谷歌一下,全世界的资讯都能搜索到,不需要我来教给他们。可是,当年轻人理论的获得变得如此容易以后,下意识地也会轻视经验。老年人却又有一个缺点,他会认为经验是所有的一切。而我,这几十年在世界各地不停地漂泊、办展览，一路走来我发现这两种东西是必须要做一种融合的。我现在在做的就是把这种经验理论化、简洁化，然后告诉学生这段经验的结果会是什么，而这个结果往往就正好能和现在的理论完全结合在一起。所以，我带学生的方式就是当他无从下笔不知道该画什么的时候，我会用两三句话告诉他要做什么；当他知道自己要画什么的时候，我又会用经验告诉他，这个结果会是什么，会发展到什么情况。

时光荏苒，我觉得我最后该做的事就是，一方面将我的经验诉诸我的画笔上，另一方面用我不太好的口才尽量将这种经验传承下去。

梁君午正在作画,摄于上海画室。

上海画室

刘 梁老师回大陆,怎么会确定定居上海呢?

梁 因为靠儿子家近些,好照应。由于我有一自小在上海长大的堂弟——梁军,堂弟在电视台工作,也经由他的介绍,认识了许多上海文艺界及政界、商界的朋友,获益良多。期间,生活安定,创作了不少好作品。

刘 梁老师您来上海画的第一幅作品还在这儿么?

梁 不在了。

刘 那这个工作室最早期的作品是哪一幅?

梁 最早期的好像都不在了,现在这边最早的应该也是三四年前画的。我们大概是2008年年底到上海。当时同几个欧洲朋友从西班牙回到大陆,去了北京、西安,当然也来了苏州,完了以后我就对大陆的进步状况有所了解了。我把自己从小在历史书中学到的那些东西拿来做一种对照,感触很深。于是我决定在2008年年底和我太太在上海设了一个工作室。我在工作室里一边画画,一边试图将自己的画作与内地的一些历史文化做一种更深入的结合。我希望自己现有的历史或者说文学背景知识能够在这种结合过程中得到增长,希望获取一些新的灵感和思维,进而能够画出更好的作品。这个工作室成立到现在已经五年多了,在这五年里,我主要的工作仍旧是创作。一般早上吃过早饭,围上围裙就会很自觉地站在画架面前画画。粗略估计画了大概有五六十幅画吧。所以,自我感觉还是很用功和多产的。那也是在这个工作室里,诞生了那张《手》,画了差不多半年。你现在看到的作品差不多都是三四年前的作品。

梁君午上海画室中的一面照片墙。

2011年汶川大地震时,梁君午绘《手》赠予都江堰。

梁君午油画作品"金木水火土"系列中的《火》。

【走到金木水火土系列中的"火"的面前】

刘 这幅画色彩很有冲击力,您选用的是鲜艳的红。

梁 有一段时间我很喜欢画红色的东西。在你眼前的这些画,我想表达的其实是两种观念。第一种关乎人体艺术的思维。比如你眼前这幅画,大片的红。在很多人心中红色代表的是一种激情。可事实真的是这样么?显然不是,红色也可以代表悲情,它可以表现各种情感与思维,也就是说各种冷暖色调的变化其实并非一般人所想的那样绝对。一个女孩子躺在画里,但她并不代表她这具肉体本身,它代表的是一种思维,一种抽象的观念。所谓人体艺术,它的核心恰恰是在于人体背后的隐喻。这幅画里我用了大片的红,可红有很多种,洋红、大红、玫瑰红等,我在这幅画里都用到了。

  第二个观念是留白。白,它具有三种含义。一为物理性的白色,你可以理解为床单、衬衫、桌布的颜色。二为空,空的感觉,空间的表达。第三种是我个人所理解的一种"破坏",这种破坏带来了律动,带来了生命的气息。它不是刻意经营的,完全归结于空间的处理,是非理性也非感性的,它是一种完全的直觉。所以我个人认为,这么一种思维也许可以对中国艺术关乎空灵的探讨留下伏笔,也许可以给将来的年轻人在艺术的创作上找到小小的一个窗口。

刘 您刚刚讲到空间的破坏,我就关注到了这幅画。这幅画的人体在画面的顶端,而整幅画的中部乃至中下部都是大片的色彩处理,这是不是您所说的视觉上对空间的一种破坏?

梁 对,这张画很有意思。譬如说,你看这里,这是我画的五行中间的一幅画,这是火。这一张是土,那一张是木,这一张是水,金在另一个房间。像你说的这幅画,这个白绝对不仅仅是一块遮盖物,它属于第二类到第三类的空间。它不是理性的东西,是一种感性的对空间的破坏。我问你火焰往哪里走的?

刘 上面。

梁 对,也不对。表面上看起来火是往上走的,对不对?人是在上面的,火是在下面的。可是它又有点像是地壳里的岩浆,她又可能不是躺在火上而是躺在地球的表面。所以它可以有很多的思维。你说她一定代表的是什么呢,每个人都可以自己去感受,不需要我来解释。但是我只是点了一个引子,然后我邀请你进入我的火的世界中,你要如何燃烧自己是你的事了。

刘 金、木、水、火、土,最先画的是哪一个?

梁 木。

刘 有没有什么原因让您先画了这个木呢?

梁 那个时候正好是上海的春天。这个工作室门前那条青海路上杏花、桃花开得特别好,很多人都来这边拍照,大地回春嘛。那就给了我灵感,但是我画这张画的时候,春风已过但春味犹存,感觉更好。你看画上这里,从蓝颜色往绿颜色上走,最后回到了一位女子的身上。那画里的这个女子在想什么我不敢讲,但你可以直

梁君午油画作品"金木水火土"系列中的《木》。

梁君午油画作品"金木水火土"系列中的《水》。

梁君午油画作品"金木水火土"系列中的《土》。

君午油画作品"金木水火土"系列中的《金》。

观地看到她的皮肤充满了水分,充满了青春的活力,除此之外又带着一点意兴阑珊的慵懒。关于女子想的什么,看的什么,我的画里从来不会有一个唯一正确的答案,你可以自己去思考它。我为什么取名为木,木代表着一种向上的力量,代表着春天的生机,就是这样。

刘　水呢?

梁　水,你看。她也是在上面的。我不喜欢我的人物淹到水里面,你看我画的这个水,中国人不是有个成语么,居高临下、一泻千里,就是这种感觉。而我把人物摆在最最上面,那么你想象一下,黄河之水天上来,从天上来的水然后再流入大海,这很大气磅礴啊是不是?不信你把画颠倒过来看。在艺术上所谓载体与被载体的问题,这便是主客易位最好的印证。

刘　那请梁老师介绍一下《土》吧。

梁　土的里面你可以看到一个女子跪坐在大地上,她似乎在诉说着黄土高原上这五千年来的宿命,所以我用这个词来代表。然后你看这边有一个黑洞,这个黑洞会通往怎样的时空我也不知道,那至少现在我们扎根在这片土地上,有所祈祷,有所期待。

　　至于金的话,中国的金是属于西边的。金是要经过冶炼的,是要炼出来的。你看这里有一个身材姣好的女子处在一个金色的氛围里面,这个金色是矿物质的颜色,是铁矿铜的颜色,带上一点冶炼的红还有一点白色。你不要把一幅画考虑得太清楚,这是一种感觉的东西。我在和你讲金、木、水、火、土的时候,其实我说的都比较含蓄,我更多的是用一种映衬似的、比喻的方式给你点一下。最后把金、木、水、火、土放在一起,代表着宇宙的5个原色,也代表着中国的五色原理。

刘　这幅画中的女子,女性魅力很强。

梁　那个乳房这么漂亮,《长恨歌》里写杨贵妃的,"春寒赐浴华清池,温泉水滑洗凝脂",就是这种感觉对不对。我朋友开玩笑说,看到这样的乳房都想去摸一摸。

刘　的确很美啊。

梁　但其实这是一种意境,我今天拿一首唐诗去形容她,但有的人可以拿别的词句去形容这张画。我今天突然抬头看到她,我脑子里就想起了这诗句。

【向前走到另一幅作品处】

刘 这幅画看起来很特别。

梁 这幅画从我们绘画上来讲,完全不合乎传统的美学观念。首先是构图,它完全不是一种平衡的构图,它把主体放在了角落上,可是正是在这种氛围里面,我依旧可以创造出一种平衡。所以你需要做的就是把所有的颜色、明度、色彩、比例、律动,统统都要考虑进去。我觉得这张画非常有意义,值得观赏者深入地去探讨。也就是说,里面似乎隐藏了很多神秘的东西,那个密码需要观赏者来解码。

刘 这张画确实很有冲击力。

梁 没错,冲击力很强,非常地强。而且是很富有生命力的,好像是这个世界充满了活力、充满了希望。

刘 所以才让这个模特做出了怒放一般的姿势。

梁 很放开的感觉。我觉得中国女子就缺少这种放的感觉,但画里的女子是中国模特。

【对那幅女子披着白的纱的画作】

刘 这张画的女子穿着白衣,好美。

梁 这幅画就是另外一种思维了,我对布的材质的拿捏可以说还是比较有经验的。我看到很多作品其实都不知道如何把画画透,这幅画是一种透的感觉。

刘 这个是纱裙吧?

梁 不只是纱,还有丝。这张画很耐看,看你往哪里看。是人把衣服撑起来了,还是衣服包着这个人体?就像是穿着婚纱的新娘,是新娘衬出了衣服的美,还是衣服把新娘衬得更美?

刘 画这种纱质的东西是一种技巧吗?

梁 不不不,这不是技巧的问题,这是一种感觉的问题。就像我在课上所说的,你首先要了解,了解纱的性质然后你才可以用笔触去感受。其次,厚薄的程度不同,它的透明度也是不一样的。然后是色彩的把握……

刘 远看和近看,感觉真是不同。

梁 远看更细对不对?是这样子,如果你近距离看的时候就把它画得很细很细,

梁君午油画作品《穿白纱的少女》。

那它就像是一张照片,死掉了。我画的即是我眼睛所看到的,我自己感觉到的东西。我的理解是,过分地强调细恰恰是一种假。所以细,一种是真实的细,另一种则是画家所给予的真实的细。而你所看的那种远近不同的感觉,其实是你完成了画家所给予的那种感受,这是一种和谐,是一种艺术的交流。你无意中的直观感受其实也是有艺术本质的一种观念在里面。

刘 要结合那个光。

梁 有个作家说我有第三只眼睛,他说我的画里面有一种内心的光,还有一种外在的光。所以一种是主观的光,一种是客观的光。其实,光与色的问题,你可以说它们是二位一体的,本是一个东西。我们一般对绘画作品从"色"的立场来看,是由暗往亮处走。而光的思维恰恰是逆向的,它是由亮往暗的方向走。我们能够看到的颜色其实是不同光的代表,我们的视网膜能见到的也只不过是锥形细胞所能感觉到的一些光谱而已。所以,互补光的相互影响是一个非常关键的因素。而我的画里面充满了这种细微的变化,这就是我画中那种独特的光的秘密。

梁君午台北画室。

音乐是原动力

【我们一边喝茶,梁老师一边为我们播放着西班牙的民族音乐】

刘 您的画集里有这么一句话,您说"音乐是您的原动力",这句话可以请您再解释一下吗?

梁 我问你,你知道音乐是什么吗?你知道音乐是什么的艺术吗?音乐是一个时间的艺术,它的节拍即时间,它的符号即诗歌;而绘画艺术除了视觉上的美以外,它还是一个空间的艺术。所以当绘画与音乐结合,不觉得就像是拥有了整个时空么?贝多芬的音乐里你能感觉到视觉的冲击;梵高的画里你也能体会到音乐的韵律。比才的《卡门》是多么地激情,我这时应该尽情挥洒,抹上一层大红;柴可夫斯基的"1812"浓浓的炮声中,你必须将色块做大片的处理;如果画布上是灰蓝色的色块时,陪伴我的将是巴哈的《无伴奏大提琴协奏曲》。音乐是有颜色的,色彩是有韵律的。所以当我的画,仅仅停留在视觉的感官层次上,那它不过是一个三维的东西;可当它融入了音乐,三维便开始还原,渐渐还原。于是从那一瞬间开始,我的画里有精确的时间,有精确的空间。这个维度里有我想要的全部,展现的就是一个活生生的并且有品位的"我"。

其实,艺术的创作就是生活,生活的高度就是艺术。所以说到这里,我想你的书最后可以这么写:梁老师是这样总结他自己的:"我就是一个简单而平凡的人。"

刘 现在听的是西班牙音乐吧?

梁 对,西班牙它的民族性不太一样,它的音乐里面有一点阿拉伯的风味。你们知道吗,西班牙曾经在十一、十二世纪被阿拉伯占领了800年。

西班牙有个奔牛节,我们都不敢到马路上去的。每年奔牛节很多人被撞死,而且都是老外,因为他不会躲。当然,女孩子是不会给你进去的。

刘 怕危险么?

梁 也不是,我觉得越是有传统的国家,这种男女区分开来要做的事情就越明显,你说对么,那就是男人们的世界,所以女孩子不给进。女孩子就是打扮得漂漂亮亮,坐在看台下的男性为她们拼命,男孩子们呢就是拿出性命搏斗,一辈子也就为博女孩子一笑。从古至今的这种故事不都是这样的么?

所以你看动物,永远都是公的比母的好看。比如孔雀、狮子,都是拼命要在母性面前展现出最好看的一面。现在反倒是反过来了,哈哈。

现在是女孩子打扮得漂漂亮亮为吸引男孩子,但她不是吸引一个男孩子,她是为了吸引众多的男孩子,好在里面挑呀。不过女性在基因上,那个染色体,本身就是比男性要更优秀的。而且女性在智力上也绝对不比男性差的哦。

刘 女性染色体 xx,是有一个稳定种族的意思在里面;那男性 xy 呢,这里面包含一层探索的含义,他不稳定是因为有一种探索的需要;我觉得挺有意思的,分工不同。

梁 所以说女性的抽象思维是比男性高。我身为画家我最清楚,我的粉丝 80% 都是女性。

刘 但是世界艺术领域顶层的无论是画家还是音乐家,许多都是男孩子。

梁 那是因为女性比较有牺牲精神。并不是女孩子没有天分,只能说她们结婚后可能会更加以家庭为重,以孩子为重。而且搞艺术是要有体力的,这方面女孩子可能比较吃亏……

再次离开西班牙

刘 看得出梁老师和师母对西班牙充满了感情,可是为什么还是离开了那里呢?

梁 我离开中国台湾去了西班牙,过了那么多年我又回到内地。本来我们也以为会终老西班牙,却因为种种原因重回故里。这其中的因素有我父亲过世、母亲住不惯西班牙、儿子工作调动来上海等。回内地呢,我们也在台湾地区、上海两地跑,一方面照顾到母亲,一方面又靠近孩子,因缘际会我们来到苏州,才有今天我们坐在一块儿聊天的缘分。所以人生真的不是你可以计划的。

还有呢,原本我也有一次机会可以留在皇家马德里学院教书。当时我材料都已经准备好了。结果老师去了海边度假,才59岁,心脏病发就猝死了。当时还未改制啊,不然怎么可能会有中国学生能留在那里教书啊。那时候我老师对我的器重也很关键,他是学校"唯二"的两个讲座教授的其中一位,他不在乎我西班牙语说得好不好,也不在乎我是哪国人。他觉得我实力够,所以希望我做他助手,也因为他突然过世所以最后我就没有继续留校了。但其实教书原本也不在我的计划之内,因为画画要自己画才快乐啊,但现在我除了是画家外也是一个老师,所以说还是那句话,计划永远赶不上变化吧。

投身艺术教育

刘 现在您来苏州大学实践艺术教育。我想问问梁老师您对艺术教育是秉持什么样的一个态度?

梁 我对艺术教育的态度其实很简单,从事艺术教育对我来说不是一种谋生的职业,我只能说我自己的思维或者想法就是把它当作一种责任,一种快乐。我觉得教育虽然辛苦但是很快乐。当然,也许我说的是大话,因为我没有生活的压力。但我觉得教育还是必须要有一个目的的,这个目的要明确,就是你要培养什么样的人;同时你要有梦想,要把这种艺术教育工作作为你的梦想。我觉得教育不单单是一个所谓理性的教育,它更应该是感性的。所谓感性即重视培养一个学生的生活态度、为人处世的原则、个人修养等。当然,才华技能这种理性的教育要和这种感性的教育并驾齐驱,但仅仅是知识的传授是不够的。所以我认为感性教育、人格教育更重要,而前提就是,老师自己本人首先就应该有一个快乐、健康的心态。

刘 您当时是基于什么考虑接受了苏州大学的邀请,来苏州大学讲学呢?

梁 第一个是缘分吧;第二个呢就是要感谢苏州大学,更多的是恭喜苏州大学吧,有两个这么优秀的校长,朱校长和田副校长。他们在当今这个社会依旧怀有对于艺术教育无限的热情和远大的理想;他们百折不挠、精力充沛,为学校鞠躬尽瘁。我认为正是这种为理想鞠躬尽瘁的态度感动了我。田副校长他们有这种抱负和理想,而且他们找到了我,那我自己当然也期望能够出一份力,尽可能地帮助他们完成一部分理想吧,为什么不呢?

刘 您希望能带给苏州大学艺术学院的学生或者说您希望带给苏州大学什么?

梁 我觉得内地是不是挺流行世界各大学的排名,我觉得这个当然是一种对学校综合实力的评价标准,但肯定不是绝对的,我认为每个大学都必须要有自己的特

梁君午在苏州大学授课时的情景。

梁君午在苏州大学授课时的情景。

色。比如说苏州大学的前身是东吴大学,他最有名的就是他的法律系,这就是他的特色。但是我们要想想看,苏州是一个在历史上,文化修养、文化典故、文化底蕴都非常深的一个城市,这个地方文化物产丰富,手工艺、陶艺、苏绣等世界有名,再加上历史上有那么多的大师,不管是画画的,搞文学的都有,地方文化底蕴之强,苏州在全国堪称数一数二。我的思维就在这里,我就在想,苏州大学它的艺术学院是不是也该有特别的一种风格,比如国画的吴门画派。我能不能够把我在欧洲这几十年作画学到的经验和方法跟苏州大学所在地苏州的地域文化做一种结合,然后教给学生,教他们这个融合的训练,也许真的能撞击出一种火花,产生一种新的,不敢说派别,一种新的绘画的风格吧。苏州大学艺术的学风、苏州大学艺术系的油画该有属于自己的特色。

刘 那梁老师您已经在苏州大学艺术学院讲学两个月了,回过头来您能不能谈谈您对苏州大学艺术系的印象呢?

梁 坦诚地说,苏州大学艺术学院的学生入学时候比起中央美院、四川美院、中国美院那些学生,还是有差距的,这个肯定。我在来苏州大学上课前,请王老师把学生的作品发给我看过,所以我来之前心理是有个底子的。但是我个人的态度还是很明确的,个人以为艺术不是绝对的,不是1+1=2的问题,它的派别千变万化,所以艺术它该是百家争鸣的。艺术的领域主要还是看你往哪个方向发展,所以一个好的教育应该说是因材施教的。老师要做的事情仅仅是陪着学生,在他艺术之路转弯口的地方协助他转那个弯,让他把这个弯转对。我自认为在西班牙学画的这几年,基础打得还是很扎实的,加上后来这四十年的艺术人生,看的也够多。所以我想说在苏州大学的这段时间,这些学生不敢说我能教他们如何成为一代宗师,但至少能让他们画出几幅好的画作吧,至少能给他们指引一些艺术的方向吧。我就是这么想的。

刘 那梁老师您预期的这两个月讲学想要教给学生们的东西,最后达到您想要的效果了吗?

梁 我可以这么跟你讲,这两个月结束以后,我蛮欣慰的。原因其实很简单,他们进步很大。当我第一天上课的时候,我是觉得学生好像画过画,好像也没有画过多少画,那证明他们画过画的就是那种一般画画最传统的思维和方式。所以在上完第一堂课的时候,我就决定要改变他们的思维,先不从技巧上去着手了,最首要的是要从一种观念着手。所以前两周的课程我主要是给他们教授一种艺术观念,我要告诉他们前面的路有多广,这个世界有多大,这个艺术领域有多宽,这个眼界要有多高。艺术道路也许漫长,可这个路不见得就是那么困难。你只要大方向对了,我就把这几十年的经验倾囊相授,一步一脚印,实实在在地走下去。我就相信,在因材施教的教育方式下,艺术的领域如此宽广,总会替每个学生找到属于自己的艺术天地。

这样画了几张画以后,学生思维改变了、跳跃了,画的画进步的就蛮多。事实上,艺术教育跟一般教育不太一样,艺术的学习就是跳跃性的。绘画打个比方就是像女人怀孕一样的,从怀孕到诞生这段时间它是痛苦的,可是当小孩子诞生的那一刹那,那又是美好与幸福的。所以我一直鼓励学生说怀孕期间的不适,没有关系,你要学会期待那九个月以后的幸福。绘画就是不断摸索,不断尝试,然后有一天突然灵感一来,好的作品就那么诞生了。第三周以后,我开始有一些改画的时间,我会和学生说,这个地方我觉得画成怎么样会更好,你觉得对不对;第四周以后,我就偶尔会做一种长时间的示范,但不会画完的。在这种过程中你可以感觉到一个东西,就是说有各式各样的学生,而未来会有各式各样的画家、各式各样的艺术家。这是我现在的感觉。下学期我继续带这批学生,我还是会保有这种思维。我觉得我要送这批学生到一个大厦的电梯口,至于坐到几楼或者你改走楼梯,再说吧,日子还长呢。

觉得这一学期下来,学生进步是很大的。有一个学生发了个微博,贴了个图就说,"多亏了梁老师改动的那几笔,我的画有救了"。其实她错了,真正的原因是因为她布局布好了,我只是把多余的两块地方用别的颜色盖过罢了。我只是改动了一点点,但那一点点就是我的经验,是他们缺少的东西,也是我要教给他们的东西。我这样说,你就能理解了。

刘 您前面提到的是关于学生观念的一些修正,您有没有想过在下学期,在艺术教育上还有哪些新的规划或打算?

梁 在大陆,甚至亚洲这个艺术大环境里面,我们接触到的所谓西画、油画的时间也不过一两百年。但事实上,欧洲这方面已经走过四五百年光景了。我们对于油画的了解相对还是有限的。以前很多人都以为油画都是厚厚的,磕磕巴巴的,像砌墙一样的。但其实不是的,油画有各式各样的类型,厚的薄的花的,等等。那么这种思维为什么会这么死板呢,我觉得我们是被社会的一种现象或者说艺术市场的这么一种现象给影响到了,在中国,最有名的大家都知道的就是19世纪末20

世纪初,法国捧出来的那一批油画。这一批画是经由法国传播到了全世界,得到了全世界的公认,进而又掀起了中国赴法学画的风潮。新中国成立以后,大陆艺术领域又受到来自俄国的影响。俄国的艺术其实说到底就是印象派和新古典主义的一种结合,它又是那种思维。

所以下学期开始,我第一个要做的是带领学生们解放这种思维的束缚,不要认为油画已经形成一种定规。我很难过的一件事情就是有一次我去一个书店,翻书的时候翻到考美术学院的那些课本、教程、范例。考央美、国美,考素描、油画,不管是什么,全都是一样的东西。用中国文学上的一个词称就是八股文,太死板了。跳出框架以后,我第二个要给我们学生说的就是,要知道抓重点。油画很重要的一个东西就是重点的把握,但这个抓重点不简单哦。这里面包括空间重点、平衡重点、运力重点,也就是各种重点的把握你都必须去感受,感知他为什么是重点。这样说,你就能知道,所谓逃出框架、脱离束缚,它不是让你乱画、乱跑,你还是有一个方向的,那个方向就是你油画的重点。第三个,我就是要培养学生的创造力、创意思维。在这中间有一个东西很重要,我上学期也讲到过,就是"移情"。就中国的美学观念来说,无论是文学还是绘画,贯穿其中的核心理念都是这两个字"移情"。比如最有名的《离骚》,屈原所说的美人难道真的指代美人?不是吧,他是指代自己,以君子作比。所以,将文学的一些观念,以景移情的一些观念,带入到绘画中,这对我们创作不是一件坏事。

所以我觉得接下来要讲的美学观念,对苏州这块地方,尤其重要。因为苏州,它就是一个充满美的城市。

艺术与生活

刘 不同的人对美的感知不同,怎么理解您所说的"美"呢?

梁 那是因为你把这种美的解释单纯化了。我刚刚说的"移情"这两个字,那美不仅仅就是移情啊。美是一种内心的感觉,一种表象。我们中国人讲美觉得自然就是美,可是自然它客观存在在那里,美不美还是要看你的内心的,看你怎么表现出来的。就你问的这个问题,你觉得某个东西美,那是因为你看了然后才觉得它美,我今天看了以后我觉得它不美,那怎么办?你的意思我理解得没错吧。我觉得在谈到美之前,你要先去看,去感知。可就像你说的一样,我们两个对待美的思维不同怎么办,那没关系啊。艺术的美不是绝对的,艺术的美是可以对立的,也可以交流的,也可以和谐的。

那天有个学生问我一个问题,他说表现主义是不是统统都是对立的?如果像他说的统统对立,那就完全不用谈表现主义的美了。所以当他将表现主义的美认为是呈现在画布上的美以后,他搞错了一个东西。所谓和谐的美是说当画家把他的思想用一种强烈的对比色调表现出来以后有没有达到他想要的美的效果;那如果达到了,那是他用表现主义跟他内心产生一种和谐美,而不是画完了以后画布所呈现的一种和谐美。

我再举个例子。有两个和尚吵架,吵着吵着他们就跑到住持那要个说法。和尚 A 说完了以后,住持说 A 说得对;和尚 B 不服气了,紧接着对住持说自己的看法,住持说 B 说的对。那还有一个小和尚就疑惑了,他就问住持,"您说 A 也对,B 也对,那是两个都对,或是两个都不对"?住持说:"你说的也对。"所以对美的看法也是一样,这个世界没有什么绝对的看法,你同意任何一种观点,其实都有你所认为的对在里面。反过来说,要学会换位思考,条条大路通罗马。我就很不喜欢国

与学生一起庆生。

内艺术评审拿他们所谓的专业观点去否定别人的艺术创作,因为艺术是多元化的思考。我在苏州大学有蛮多事情可以做,其中有一点我就是要让我的学生们学会这种包容开阔的态度。

刘 梁老师的美学观念我认为有很多中庸的思想在里面,因为您出生并且成长在中国;那您青年时期去了西班牙,在那边又生活四十余年,西方的美学观念肯定也深深地影响了您,您是如何调和这种中西美学观念的碰撞的呢?

梁 其实在生活之中我慢慢感悟到一个东西。今天在欧洲,他们的生活态度是蛮直接的,蛮豪爽的。但咱们中国人就喜欢绕弯儿,讲话也是,做事也是。那对我来说,我没那么直接,也会绕弯儿,但我就少绕点弯儿嘛。比如我在西班牙学习期间,有一次看同学画的一幅画,边上其他人就说我那个同学,"这画的是什么东西,这样的画能看吗"。这种话我肯定不会说。我会说,"这两笔画得真的不错,你是怎么画的呢?"那人家会反问,真的是这样么。我就回答说,"对啊,画得很棒,但我认为其他地方如果可以再怎么改进下会更好"。所以从二年级开始,我们班的同学最喜欢找我去评画,因为我从来不会把人家的画骂得一文不值,我只会建议性地发表意见。但我建设性的意见不是随随便便的、无止境的夸赞、吹捧,我给的意见都是很中肯的。

在说话方面,外国人喜欢先看到别人的毛病,再看到别人的优点;但中国人喜欢先发现别人的优点,再委婉给出自己的意见。但是,我们在做事情的时候真的是这样吗?我想也不完全是吧。生活中有时候大家做事也都会先去找别人的缺点,有错误发生的时候也会把责任推卸掉,尽可能地让自己不要受委屈;看到别人优点以后呢,也会嫉妒,会不平衡。所以中西方观念中都有自己矛盾的地方。事实上,西班牙和中国我觉得两个国家蛮接近的。怎么说呢,中和两个国家的观念,就是学会对自己严格、对别人宽容吧。那当你错了的时候,be gentleman,那就大大方方道歉也没什么。

我觉得中国人的中庸之道就是讲究大自然的和谐之美,其实欧洲人走的也是这个路子。只是说我们是真的平衡在一起,不触及对方底线,寻找共同点相互容忍地往前走;他们可能说是相互矛盾,对立着碰撞着往前走。但他们的对立和矛盾也会撞击出一个融合,只不过用力更大罢了。所以我现在教学生,渐渐感觉到,不要怕撞击。形象地说,你不觉得撞击的力量越大,结合的那个程度越深吗?所谓中庸,不一定是刚刚好在中间,不偏不倚,中间偏右,中间偏左,都可以嘛。

刘 我记得您以前讲过一个故事,就是说您在西班牙留学期间,曾经在课堂上画了一幅您自我感觉很满意的画作然后兴致勃勃地拿给老师看,结果老师手轻轻一抹,然后对你说不要忘记你是一个中国人。我觉得您这四十年所做的努力都是为了诠释您老师说的这句话。现在回过头来再看,您是怎么理解自己是一个中国人以及是一个西方油画家的这种身份呢?

梁 让我来问你,你认为艳阳天的风景美还是清晨薄雾朦胧的风景更美?

刘 我可能更喜欢朦胧的清晨吧。

梁 我老师跟我讲的意思其实就是说,原本我的画的确很美,但是 clear,清楚。可是当他给我抹去一点擦去一点以后,原本美的很清楚的东西它突然变得看不清楚了,那它还美么?还是美的,只是它是另外一种美的感觉。这就是他提醒我是个中国人的地方。因为中国人不求表象的美,中国人从来都是追求意境美的。原本清楚的地方可以让它变得朦胧,但原本模糊的地方也可以让它变得清楚,最后出来的就是中国人的那句话:"一笔到底,就可以千言万语。"中国文学博大精深,你既然学文学应该能懂我的意思,三言两语可以重叠无穷的思维在里面。

刘 就如中国的唐诗,七字一句,四句成诗。

梁 对,没错。该表达的时候要表达,但该减该收的时候就要简。这种简它不是讲一个故事,而是把故事本身变成一种感觉、一种意境,然后延伸出千千万万无数个故事,意犹未尽。所以老师当时的那一句话、那一个动作,对我这一生的影响都非常大。

刘 我觉得您身上有四个字被体现得淋漓尽致——中西合璧。您把这看成是一种很大的优势吗?

梁 我觉得这是一种很大的冒险。因为你要融合得好那叫中西合璧,融合得不好就是四不像。那你既然说到中西合璧,那怎么样才叫中西合璧呢?目前,所谓中西合璧就是把西方的素材拿到中国来。我说的素材比如说油画,油画的优势在哪里?天地万物所有你能想象到的色彩,油画都能够表现出来,这一点国画就做不到。油画的好处还包括透明度,包括其他种种方面。今天有这么好的素材被引入国内,你以一个西方人的绘画观念去处理这个素材,去构图,去布局,而当这种处理已经成熟的时候,你再把中国人的思维、灵魂,中国人的抽象观念加进去的时候,它绝对是一种提升,一种质的升华嘛。

我倒不觉得这是一种中西合璧。它不是加法,更像是一种乘法,超越绘画派别的一种升华。所以我觉得简单的中西合璧是绝对可以的,那我要追求的是西方的素材、东方的灵魂两者相乘的一种高度。所以它是很危险的,但只要你方向把握得好,就能达到我和你说的那种境界,"艺术的提升不在于素材上的使用,恰恰在于你内心的蜕变"。所以反思我自己,我越来越觉得我缺少对中国文化、老庄哲学更加深入的研究、探讨和认知。你看我挂在那里的一幅画,里面女性的乳房非常地美,对不对,那种皮肤的色感我如果用中国的一句古诗词来形容就是"春寒赐浴华清池,温泉水滑洗凝脂"。

刘 梁老师对待艺术总是有一种学无止境之感,对待生活的态度也那么严谨吗?

梁 我在40年前,在台湾淡江大学讲过一堂西班牙艺术史的课。我还记得我当时对学生们说的内容就是,山顶洞人、原始人,他们在还没有填饱肚子的时候就会用手边抓到的任何东西去表现艺术,他们已经把自己的生活神性化、艺术化了。所以对我来说,第一个生活的高度就是艺术,生活的来源就是艺术。只有生活没有艺术,那等于是你会赚钱却不会花钱,那等于是零。我如何解释生活就是艺术的这种态度呢,我活得自然,我活得有品位。当然,这种品位不是高级品位,不是用金钱去衡量的名牌,品位应该是无价的。还有我觉得就是过生活,常常要觉得

2003年与东海大学美术系学生合影。

梁君午画作入选世博百家名家展。

梁君午摄于维多利亚国家美术馆。

梁君午访谈录

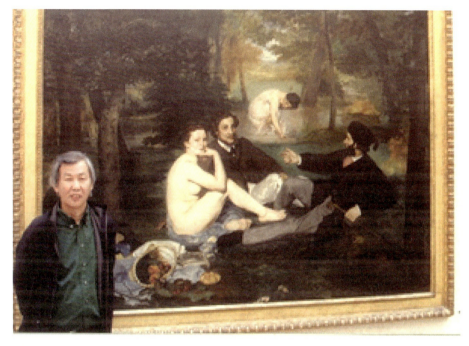

梁君午摄于奥地利国家美术馆。

梁君午摄于奥赛美术馆。

自己能被满足,愿望不要太高。所以我的人生观是这样子的,只要你期望不高,天天都会有美好的心情,天天都能发现生活中的惊喜。

他人看他

张淑英[1]：他亲和可近，画人合一

刘 您与梁先生的初识在何时？具体情景是怎样？

张 我和梁老师第一次见面是在1989年元旦夜餐会。我1988年8月抵达西班牙，同年9月获选为台湾地区留西同学会会长。当时，梁教授、梁夫人准备晚餐宴请一些旅西好友，友人带我前去，希望引荐我认识旅西的一些知名前辈。当晚的客人多为梁教授同时期或前后期留西的友人，大半旅西都有20年左右。因此，当晚我也成了梁教授、梁夫人的座上客。

刘 您对梁先生的第一印象是怎样？

张 柔和有力，画人合一；不熟识并不疏离；亲和可近。尽管之前耳闻梁教授的绘画成就，但仍觉当晚我是最年轻又最陌生的"不速之客"。可是梁教授随即让我感觉是那批好友中的朋友一样，毫不见外。他站在餐桌旁引我们入座，他的身影的背后就是墙上一整排素描画。梁教授身材高挑，素描画雄浑有力，当时仿佛觉得梁教授就像那批素描的身影。

同时，我因为是去念博士班，又是公费生，在西班牙身份也算特殊（是第一个在中国台湾地区念完硕士，到西班牙念博士的学生），我感觉自己想寻觅知识和知性上的朋友，顿时也觉得似乎"忘年"，自然而然将梁教授视为是知性上可以交谈交游的朋友。

刘 您与梁先生的交往起初是缘于公开活动？

张 台湾地区留西的华人圈和留学生以及台湾地区"外事办事"机构，彼此间互

---

[1] 对张淑英的采访是通过电子邮件的方式，后经过整理。

动交流算是密切。由于在 1988 – 1989 年间,我是台湾地区留西同学会会长,会配合举办一些留学生活动,侨界的侨胞也是同学会活动邀请的对象,许多活动都希望侨胞支持响应。因此,我留学第一年就举办旅游活动、节庆聚餐(如国庆日、农历年),出版留学《阳光》杂志,教授留西同学西班牙文,协助艺术学院同学开画展,等等。这当中,梁教授与梁夫人也都有参与,给艺术学院的同学许多绘画技巧方面的指导。第二年以后,我住进马德里大学的书院(学生宿舍,Colegio Mayor Casado Brasil),住宿生全部是硕士生以上学历,设备齐全,供三餐,但是周日不供餐。经常每到了星期日,梁教授、梁夫人就会来电,邀我到家里吃饭。有时周日有展览,他们就会开车载我一同去参观。在我的印象中,只要到梁家,他们都会开车送我回宿舍,仿佛现在接送小孩上学的父母一样。另外,每次到梁教授家里,他一定会告诉我他有哪些新作,正在画些什么,甚至有哪些模特儿,我都会在他的画室看到新创作、新尝试。每次去都会聊些绘画的点滴,我也逐渐累积一些对绘画技巧的常识。

刘 您看过梁老师是如何创作的?

张 在西班牙,他的画室在家里的二楼,空间不大,但画出来的画的格局让人感觉数倍大于画室的空间。我每次去,他都会告诉我正在创作的情况,有时等油彩干,有时等着裱框,有时只是初步裱布和底层的准备,每一个步骤都需要耐力与时间。但是他的心情是平静的,保持常态,这不是浑然天成,我想是绘画的涵养,是创作过程中自己不断调适与适应的学习,虽急而不冲,缓不求速,每个步骤都有它的时间,而完成与完美,就是"等待、酝酿的累积"。

刘 您如何评价梁君午先生的绘画作品?

张 厚实的基本功——素描工夫,擅长的女体画,柔中带力,裸而高雅,美而不腻。乍看都是女体见长,但是细微处有解剖学、建筑学、设计学、色彩学的结合。梁教授绘画 50 载,只要他一直向前走,后辈望尘莫及,因为铁杵磨成绣花针不是一朝一夕,而是经年累月。中国台湾地区甚至华人世界在欧美习画,而拿得出油画、素描、粉彩等真工夫者屈指可数。

刘 您的这些想法和梁老师交流过吗?

张 我们对绘画的讨论不是刻意的,也没有定点,经常是在聚会中、聊天时,谈到一个话题,就会有"画"题。从西画到国画,也会谈素材的应用,还有艺术理论、艺术画派,也会从艺术史上的名家谈论其绘画的特色。最具体的感受仍然是"真工夫"(绘画技巧)如何呈现。空谈理论不成气候,东拼西凑不成体,标新立异不成形,绘画就是按部就班不断练习的历程。

刘 梁老师在生活中也是这样吗?

张 我觉得他是享受绘画创作带来的辛苦与快乐,将艺术融入生活,彩绘自己的人生,也带给别人安静、平稳、多彩的生活乐趣,化危机为转机。因为他历经专业的大变化(从台北工专到西班牙 San Fernando 艺术学院;从淡江建筑系再回到西班牙绘画),历经在他乡以绘画为职业志向,以画维生的辛苦,历经从西班牙的成功再回到故乡的转变,从台湾地区到西班牙,从西班牙到中国大陆,从中国大陆到中国台湾地区的生长地,有许多乡愁和艰辛,从他身上看不到一丝怨恨,好比画笔一挥,放欢一遇,相遇一笑的境界。

刘 在与梁先生的交往中,有没有发生什么有趣的事?

张 那要属给我介绍男朋友了吧。梁教授见我只身负笈西班牙,常说别因努力课业误了良缘,因此时而想帮我介绍男朋友(西班牙的华人朋友,或是他认识的优秀的人)。

还有就是,有时我看西班牙女孩当她的模特儿,他会教导我模特儿的专业,并说明对裸体模特儿应有的尊重。有时他告诉我,西方女孩,许多时候是母亲带着女儿去拜托他,希望他将她们的女儿最美的年纪和身材,透过他的巧手、画笔和技巧永久保留下来。梁教授知道东方人的矜持和观念,开玩笑问我,要不要当模特儿。认识他们夫妇这 25 年来,每回我只要赞叹他的画作,看他的画展,梁教授夫妻俩就会笑说:"怎么样,要不要来 posar 啊?" "posar" 就是当模特儿摆姿势。

刘 这说明梁老师很关心您生活啊。还有什么印象深刻的,或者说是别具意义的事吗?

张 1991 年梁教授受"新闻局"邀请到中南美洲巡回开画展,我有机会较长时间目睹他的筹备过程:看他一系列已完成的画作,非卖品的永久保存画作,以及正在进行的画作。那些无法征服时间的创作,让人见识创作的耐力、耐心、坚持与毅力。因为一急,油彩未干就会脏掉;一赶,画作寿命就会缩短;一不小心,长久保有的质量与功力就会毁于一旦。因此,他也会说:这幅画作我很喜欢,但是时间来不及参展,只好割爱,千万不能急就章。也有些时候,我看那大大的笔筒,大中小的尺寸琳琅满目,各种油彩布满桌子,但是画布永远清新干净,甚至一尘不染,用耐心和耐力保持画作的持久性、亮度与质感。

还有一件事印象深刻,就是西班牙诺贝尔文学奖得主卡米洛·荷西·塞拉访台。我们一起合作努力,将西班牙获得1989年诺贝尔文学奖的作家卡米洛·荷西·塞拉(Camilo José Cela)邀请到台湾地区。塞拉夫妇是1994年6月28日访问台湾地区,7月2日离开的。梁教授在西班牙安排行前事宜,我在台湾筹划,今年刚好是20年了。

来台湾前一年,塞拉还特别为梁教授的画展写祝贺词。来到台湾地区,梁教授也在联副的"塞拉文学周"上画上一幅塞拉素描。我则撰写、翻译一整周的塞拉文学报道。塞拉来台湾,相当轰动,各大媒体争相采访报道,大概是诺贝尔文学奖得主在台湾地区缔造最多新闻与高潮的作家。这是我跟梁教授在学术上共创社会贡献的最有意义的事。

刘 那是一次很有意义的跨界合作。

张 嗯,是的。对我个人而言,有意义的就是从获赠油画到成为收藏家了。我1994年1月博士论文口试毕业,当天口考,梁教授夫妇前来旁听,梁教授并且送我一幅油画。他说:"这幅画一直留着,就是等你毕业才要送。"所幸我完成学业,终于可以获得至宝。

我返回台湾后,持续往返西班牙参与学术研讨会,每次都会造访梁教授,每次看他的新作,听他谈论新尝试。因此,我开口要当他的收藏家,我说了我喜欢的种种,希望有一幅我心目中"集大成"的油画,让我成为梁君午所有画作总和的收藏家。他说:这是不可能的任务。画有灵性,材料有其共通与不容性质,不可能有百川汇于一洋的画作,那一定是败笔。

梁教授几次在台湾地区的画展,从1991年到2011年,再到2013年的画展,我从纯粹的欣赏者到变成他的画展画册的撰文者,他认为我最能懂他的画,最熟悉他的绘画历程。虽然我不是艺评家,也不是画家,但是我们都认为人文一体共通,还有人的情谊互动,会牵动艺术的感受。的确,我在撰文时,仿佛走过来时路,见证了梁教授的绘画历程,我的文笔诠释了他的画笔。

刘 作为君午先生的亲密友人,梁老师是否在您面前展露过外人极少看到的一面?

张 就我所看到的梁君午教授,这25年来的每次相遇、聚会,私人聚会或公开活动,不曾看过不一样的他:他总是乐观,总是珍惜友情,总是真诚,总是知足,总是对绘画怀抱无限大的梦想。

刘 梁老师对待朋友是怎样的呢?

张 梁教授视你是他的朋友时,你就是一辈子的朋友。不因你的身份、地位、职业高贵与否而有变化。也不因你是平民百姓或达官贵人而有所疏离或所求。或许朋友会变,但他始终如一。不因熟识生轻睨,也不因距离而疏离,再久再远,一句话就可以心领神会:不勉强、不滥情、不臆测。

刘 如果要用三个形容词分别形容艺术创作时,与他人进行艺术交流或进行艺术活动时,以及日常生活中您认识的梁君午,您会怎么形容?

张 专注:力求以娴熟的技巧,在一笔一画间从容优游。知变:随着时空、年龄的变异,在绘画的执着上知所求变创新。真诚:一日为友,终身为友。我觉得专注、知变、真诚就是一个"核心价值",从核心价值无限延展扩充,因应千变万化的世界,游刃有余。

| 曾丽芬[1]：似父女般羁绊的爱

刘 您和梁先生是怎么认识的？
曾 1998年10月24日下午，我和马长骏、王安民夫妇一起前往梁老师家拜访，梁老师热情地介绍他的住家及作品，短短的一次拜访，让我留下深刻印象。
刘 您对梁先生的第一印象怎样？
曾 梁老师个性随和率真，独具一格。他的作品与众不同。总的来说是又爱又敬。
刘 认识梁老师后，你们会经常聚会吗？
曾 梁老师兴趣广泛，在马德里，我们常一起到美术馆、音乐厅欣赏各种不同的文化作品，也一起品尝美食、四处旅行。梁老师博学多闻、梁太太温柔婉约，是我们不可多得的好友。
刘 在与梁先生的交往中发生过哪些令人印象深刻的事？
曾 梁老师很重视穿着。记得有一次，我儿子受邀在一个正式酒会上表演小提琴，他穿了一身黑色的西式礼服。当时也在场的梁老师，把我儿子叫了过去，摘下他胸前口袋里的小方巾，折好后重新放到我儿子口袋里。那充满关爱的小动作，让人感到无限温暖。

还有一次，2002年8月14日，我们一起到法国普罗旺斯旅行，在尼斯时，他问我有没有看过电影French Connection(1971, Gene Hackman)，然后指着尼斯海岸城墙，叙述电影警匪追逐的细节，匪徒如何越过城墙，在何处停留，一幕一幕如身在其中。事后我才知道梁老师看过无数电影，French Connection只是其中

---

[1]对曾丽芬的采访是通过电子邮件的方式，后经过整理。

一部,因为碰巧看到尼斯海岸,想起电影情节,即兴说说而已。这也让我对这位艺术家观察力之敏锐叹为观止!

这次旅行,我们经过戛纳,途中,遇到五位来自澳洲极为抢眼的金发美女。当时,我正随手翻阅梁先生的画册,她们二话不说,将我围住,要求欣赏这本画册,当她们知道作者是梁先生时,无不期待成为他的模特儿。西方人对艺术的喜好出于自然,她们并不知道梁先生是西班牙二十世纪最重要的画家之一,只是碰巧看到这本画册,就直率地表达出她们的喜爱。

刘 您看过梁老师画画吗?

曾 认识梁老师以前,我一直认为艺术创作源自灵感。艺术家运用自己的艺术经验、艺术观念以及审美体验,透过灵感直接将艺术内容、艺术形式转化为艺术作品。但是在了解梁老师一些作品的创作过程后,我发现灵感对他来说只是一颗种子,从找到这颗种子,让它发芽,成长茁壮到开花结果,除了老师的专业素养外,更是一个不断构思、摸索、尝试及修改的过程,将生活积累、创作构思、艺术表达三个阶段循序渐进、逐步达成。梁老师在生活中细于观察、敏于感受、善于体验、勤于思考,用知识做基础,加以科学的思维和认真的态度,将生活中的经验变成创作灵感。难怪每次老师的画作被收藏时,他的心情都是微妙而复杂的,就像是一位母亲看着孩子成长后离家寻找自我的骄傲和不舍。

刘 您是如何感受到梁老师心中的"骄傲和不舍"的?是亲历过还是和梁老师对这个话题有过讨论?

曾 梁老师常会翻出从前画作的照片,介绍他不同时期的作品,这些作品创作的背景、过程、现在被谁收藏在哪儿等。这种感觉对照我看孩子成长的过程,有种似曾相识的心路历程。

刘 您如何评价梁君午先生的绘画作品?

曾 我从 1998 年开始收藏梁老师的作品。梁老师的艺术作品带给我的影响有情绪因素、认知因素及兴趣因素。随着时间过往,每次看到老师的作品都会引起我全新的情绪波动,重新听到画中的新声音,看到画中的新生命。画作里那些不同的因素,从不同的颜色、线条、笔触和光影的配置,衬托出每幅画强烈的个性和丰富的感情。在我深爱的作品"El Amor Brujo"《魔恋》里的红,红得澎湃汹涌,让人撕心裂肺,那个黑,黑到深不见底,叙述着一个沉默的故事、强烈的情感,于是那块白就引发了我无限遐思。虽然这幅画看不到脸部表情,但是对于情感的陈述,配合着不同的色彩,萦绕在我的脑海里久久不能散去,是怎样的一个艺术家,会如此深入地刻画人生?时而温柔时而刚强,从不同的背景里,叙述着每个不同的生命的故事。

刘 您之前谈到"1998年10月24日"与梁老师第一次相识,而同年,您就开始收藏梁老师的画。能具体谈谈欣赏梁老师的画并萌发收藏决定时的心情吗?作为收藏者,您是如何对待梁老师作品的?他的作品被陈列在您居所的何处?

曾 我收藏老师的第一幅画就是裸女题材。其实这个题材我并不是很感兴趣的。但是当时我却对老师画中人物的姿态、色块的处理以及整个背景线条的柔和感有着深深的感动,自然,让人放松。因为我从小喜欢舞蹈,对于这种感觉特别容易引起共鸣。刚好十一月二十四日是我的生日,我先生问我要什么礼物,我马上就想起了梁老师的画。

现在这幅画就挂在我家的客厅里。每次跳完舞回家,都情不自禁地坐在这幅画前面看着她休息一会儿。后来我又收藏了另外几幅老师的作品,其中有一幅是用我的西班牙文名字"Violeta"命名的,那个时期梁老师画的女人们已经跳出了温柔,开始展现一种鼓舞人心的力道和热情。于是我把这两幅画面对面地挂着,感觉很耐人寻味。

刘 您与梁老师有过艺术上的讨论吗?具体讨论过哪些内容?

曾 与其说是讨论,应该说我受教很多。刚认识他时我对艺术认识有限。他带我们逛美术馆、博物馆,跟我们解说历代画家的画风、技巧、特点,教会了我们如何去欣赏一幅画。从委拉斯贵兹(Velázquez)到梵高(Vincent van gogh),从古典派到印象派。我何其有幸能接受他的艺术欣赏启蒙,进入这丰富的艺术殿堂。

刘 在日常生活中,您看到的君午先生是个怎样的人?

曾 梁老师是一个道德观和正义感相当强却又特别随和的人。在西班牙三十几年没拿过交通罚单,却能容忍他的朋友(我先生)特有的、随性的开车习惯,梁老师唠叨几句是免不了的,而我先生也总是虚心地接受,但并不认真遵循。从梁老师的眼中看得到让艺术家执着的真、善、美,对于这个世界的不完美,虽能释怀,但也忍不住发出一些声音表达意见。

刘 您认为梁老师画作的风格与他本人的性格是否完全一致?比如,有些艺术家是通过他的作品来表达对世界的领悟,也许某些观点他不会在日常生活中用言语说明;又比如,有些艺术家的画风是相当婉约温柔,但他本人或许是相当不羁的。

刘 您认为梁老师的艺术世界和日常生活是否是有明确分界？

曾 我认为梁老师是一个很有风度，而且懂得享受生命以及各种艺术的人，这和他的画作是唯美的，画风洋溢着生命的热情息息相关，他善于描绘女人细润的肌肤，用色丰富细腻，充满对青春和生命活力的颂扬。梁老师家中的布置或他平常穿着都很讲究，他爱美的天性、开朗豁达、乐观向上的性格，在绘画中得到充分展现，他一直都钟情于对美的描绘，在梁老师描绘裸女的画里，对光影的捕捉和皮肤上微妙色彩的表现，和他个性中细腻而执着的一面多有关联。

刘 如果要用三个形容词分别形容艺术创作时，与他人进行艺术交流或进行艺术活动时，以及日常生活中您认识的梁君午，您会怎么形容？

曾 梁老师在创作时，是执着的，像堂吉诃德，生活在现实与梦幻之间；在艺术活动中，是勇敢的，如西班牙斗牛士，专注自信，一往直前；日常生活里，他是热情的，像佛拉明哥舞，姿态万千，情绪一览无遗。

刘 梁老师是否在您面前展露过外人极少看到的一面？

曾 梁老师是一个很真实的人，不管是朋友私下相处还是正式场合的应对进退，他翩翩的风采和幽默的言谈并没有差别。但细想一下，可能我比较有机会看到他蓬头垢面的模样吧。不是满身的油彩，便是一身的面粉。因为老师和师母鹣鲽情深，每次我们吃面食，虽然主厨是师母，但都是老师擀的面。我想他是不舍得让师母干重活儿吧！

刘 梁老师非常疼爱师母啊。您作为晚辈，他也会非常照顾您吧？

曾 老师在西班牙时，常常会带笑斥责我，说我没有敬老尊贤的观念，跟他没大没小地开玩笑不说，还总把他的糗事拿出来和大家分享。那时我会回他一句，"老师，你也知道，其实我是很尊敬你的！"于是他便很满足地继续和大家玩闹。他的随和、信任和真诚，让我们在他的面前可以呈现真正的我而无拘无束。我觉得维系着我和他的不是友情，而是亲情，一种似父女般的羁绊。但是他绝对不会同意这种说法，因为他觉得他没那么老！

刘 为什么您说您与梁老师之间的情感"似父女般的羁绊"？有什么具体事例可以帮助我们理解呢？

曾 在西班牙二十几年，每逢佳节倍思亲。最初这种家人的情感来自于每年过年过节前(中国和西班牙的)，老师和师母都会来电话叫我们去他们家一起团聚，结束时师母会另外包些菜让我们带回家。时间一久，回娘家的氛围就出来了。而且

我特爱吃师母做的牛肉面。每次师母做了,老师就会咕哝说着:打个电话问问小芬来不来吧?(这是师母告诉我的)

马启明：唯一的第一

刘 我发现您和梁老师小时候的成长路线有许多相似之处，在校园里念的是理工科、最初的工作也是工程师。像您和梁老师两个小时候经历相似、长大后却方向完全不同的人是如何走到一起、成为挚友的呢？

马 与梁老师的相遇可以说是非常的偶然。我有一个很好的医生朋友，在台湾，他父亲曾经对梁老师的画作特别欣赏，他与梁老师之间可以说是有两代的交情。刚好，有一年，大概是五年前吧，我这个医生朋友就特别介绍他一个从国外回来的老朋友给我认识。然后在那天的晚宴上，梁老师他们夫妻俩就出现了。就是这样一个偶然的机会，我们认识了。认识之后，我们就发现彼此有很多的理念啊，或者说是成长的过程、阅历都很类似，所以互相之间很快就成为一个很好的交往对象。

刘 你对梁老师的第一印象还记得吗？

马 呃……我觉得虽然他出去这么久，就是离开亚洲这么久，他在西班牙待的时间如果我没记错的话将近有四十年，能够在四十年生活、工作在西欧这样一个环境，回到中国以后，我觉得他依然还保有中国人的这种传统，包括思维、谈吐，甚至还有对文学方面他原先有的一些根基，没有太大的改变，这个是我印象最深刻的。那个时候我还没有对他的画作有所了解，还没有进入情况，所以我还没有办法评论他艺术方面的造诣和他有怎样的关联。

刘 平常，您有您的工作，梁老师也有他从事的绘画事业，并且时常不在一个地区，您们之间的交往形式是怎样的呢？

马 嗯，我们经常就是比如我回到台北，或到了上海，适巧梁老师他们也在台湾或者上海，那我们就会凑个时间有一些联系，联系以后见面，见面以后就很自然地无话不谈，海阔天空。（笑）

刘 无话不谈,你们的话题很多吗?都谈过哪些呢?

马 其实呢,艺术只是中间的一部分。我喜欢艺术,但当我看到梁老师的画作以后,与梁老师再谈到艺术方面的话题时,我会比较谨慎。为什么呢?因为他是专业的,是大家,而我只是兴趣,毕竟我真正接触到艺术深层面是极为有限的,仅仅是一种人的直觉上对艺术的一种感受。因为我和他年龄差距不大,所以我和他会谈到一些读书时候的事情;我们相互之间虽然认识不过五六年,但我们相互之间认识的人其实是交错在一起的,所以也会谈到一些。比如说我认识梁老师家里一些长辈的时间可能远远超过与梁老师交往的时间。所以,我们有很多不同的话题可以说。

刘 在您与梁老师交往的过程中,有什么令你印象深刻的事情吗?

马 印象最深刻的应该是我去当了一会梁先生的"学生",在台湾东海大学。东海大学是一所类似苏州大学前身——东吴大学这样的一个教会学校,层次蛮高的。东海大学的学风和学生的素质在台湾地区都算中上。梁老师在东海大学艺术系上课的时候,我曾经与另外一个刚刚提到的医生朋友,出于对艺术的一种偏好,以六十岁高龄跑到他的课堂上面去当了他一天课堂讲座的学生。我们就真的去体验了一回上课时候的梁老师的魅力,体验了一回梁老师在课堂上面展现出来的对艺术氛围营造的功力。所以这是我印象最深刻的一件事。

刘 课堂上的梁老师和生活中的梁老师,您觉得有没有什么不同?

马 我感觉他已经是悠然自得了。怎么说呢,也许是因为他的人生阅历比我还长一些,也许是因为他曾经也陆陆续续地在课堂上教过很多学生,也许是因为他在欧洲的这四十年所经历过的事情导致他比我们所接触到那种人生的纠结过程更多一些,所以反而让我觉得他能够以一种泰然自若的方式来对待生活,对待授课,令我印象深刻。因为,我们一般在课堂上讲课,尤其是你刚刚站上去的话,由于环境不熟悉或别的其他原因,你肯定会有压力。但是,我在上梁老师课的时候,我觉得他完全可以做到让所有听课的人聚焦在他讲堂的中央,也就是他本人身上。(笑)我觉得课堂上的梁老师与我平时所接触的生活中的梁老师,他身上所展现出来的那种自在其实没有太大的差异。所以古人有云"七十而从心所欲,不逾矩",我觉在他身上可以体现出来。

他很难得的一点,我用四个字去形容,应该蛮合适,那就是"学贯中西"。因为他离开台湾地区已经二十五六岁了嘛,所以他不仅仅是完成学业了,而且已经在社会上工作了,他原先是一个工程师。可以说在他去西班牙以前,他的阅历讲起来就是很完备了。然而他去到欧洲有四十年光景,他在中国已经接受过比较完整的教育了,然后再去往欧洲,那第一他没有忘本,第二就是他把两者——东西方的学识、文化融合,并能够交汇运用、融会贯通。我觉得他可以担当得起这四个字——学贯中西。很贴切,用来形容他。

刘 马先生也是自身阅历极丰富的人,遇过很多人,看过很多事,您觉得梁老师是您认识的人当中很特别的一位么?

马 由于梁老师成长的过程,他个人在艺术领域的造诣与地位,他肯定是我朋友里很特别的一位。为什么这样讲呢,因为事实上,梁老师他是一个非常谦恭为怀的人。中国式的、儒家的思维在他身上明显体现。就外国人来说,他们比较直接,比较勇于表现,那表达的方式和中国人是不太一样的。但梁老师给我的感觉是非常的谦虚。

为什么这么讲?其实,说真的,梁老师在画坛的真正地位应该远远超过现在国人对他的认知。虽然我不是一个评鉴家,不够资格,但从我所意识到的他的画作影响力,比方讲被西班牙国王收藏,那很不一般。众所周知,西班牙是一个艺术殿堂的大国,虽然它土地面积没有中国大,但是它历史渊源,培育出来的这些有名的艺术家都是大师级别的。如果西班牙的现任国王以及他的皇后能很乐意并且主动地去收藏梁老师的画,那我觉得这个可以说是对梁老师无与伦比的肯定。据我了解,西班牙国王的夫人,她去参加一个画展,在看到梁老师的画作以后回去就交代她的属下、秘书,希望能够进一步收藏到梁老师的作品,甚至于她还特别请梁老师帮她的先生也就是国王作画。那您想想看,他们是一个艺术殿堂的大国,如果说能够对梁老师这么一个从东方来的画家,一个远道而来,来学习西方画作艺术的画家如此肯定,您说梁老师在画坛的地位是不是应该远远超过目前我们国人对他的一般认知。

所以我很希望梁老师能够在苏州大学任教期间,除了能够培育出更多的英才,或者说是在艺术方面的人才,更能因此而感染到苏州大学以外的其他的艺术学院,然后让大家都有机会认识到,在我们中国,有这么一位真正的大师级别的西方画家,但他却是地地道道的中国人。我希望能够实现这样的理想,那也就不枉费梁老师在这个年纪还愿意来苏州大学任教的举动。

私下我曾特别问过梁老师关于他粉彩和素描的问题。我自己会画一些素描,油画我没有进到那个层次,所以我对他素描的感受就是,梁老师素描的根基其实非常雄厚,并且那种素描的天分是你我所想象不到的。因此有一次梁老师很谦虚、很细腻地告诉我,他说他的画作其实在欧洲被画评家评为当代数一数二的作品,因为欧洲人可能不愿意承认这个东方人是唯一的第一,但的的确确他的素描已经到了那个层次。因此我在这里胆敢讲这样一句话,他的画未来的价值绝对超过今天在欧洲大放异彩的赵无极先生[①]。

刘　很高的评价啊。

马　当然,我这个话讲的是我自己个人的一种期望,并不代表鉴定家的说法。赵无极的画被西班牙国王收藏吗,应该没有吧;赵无极的画被全世界的首富,墨西哥的电信大王兄弟收藏吗,应该没有吧;那梁老师的画被世界首富收藏的有三幅,虽然是通过他的经纪人去做的销售。而且梁老师的画在美国好莱坞也被众多明星收藏。所以他的画作是西方人艺术表达的模式,但他是一个东方画家,我一再强调。他的画作能够在西方主流、上流阶层人士和收藏家中有那么大的接受度,我觉得这是对梁老师很客观的一个肯定。

那为什么梁老师的画作在中国市场没有达到应该有的一个评价高度,我认为是因为梁老师并没有真正、积极地去寻求一个好的经纪人去帮他包装,帮他宣传,帮他做很多在画界领域的公关活动。因为你的画作要在市场上有一个更高的价值,一定要通过营销的手段去达到,这是我们都了解的。但是梁老师完全将画作作为一种兴趣,他不是去靠他的画作来维生的。他的画被懂欣赏的人、有缘人收藏,他很乐意。但他也曾经跟我讲过,有的时候也有一些有钱的买家希望能够帮他做一些特殊的话题,但是被他给拒绝了。比如说曾经有一个好莱坞很有分量的明星,不单单喜欢他的画,收藏他的画,甚至还希望梁老师能够帮他画一张裸画。那梁老师就觉得跟他的画作风格、绘画认知、理念有一定程度的差异,所以他并没有因别人出高价钱就去做这件事情,明明是可以炒作的话题但是他最后还是婉拒了。因此,我认为他的画伟大就伟大在他不是靠画去经营自己的财富,他的画完

[①]赵无极(1921年2月13日—2013年4月9日),华裔法国画家。在绘画创作上,以西方现代绘画的形式和油画的色彩技巧参入中国传统文化艺术的意蕴,创造了色彩变幻、笔触有力、富有韵律感和光感的新的绘画空间,被称为"西方现代抒情抽象派的代表"。

全是他自己内心的呈现。虽然他的画的主体是人物,但他把他的很多精神和想法以及一些诉求的主题摆在这个画布上的任何一个成分里面,可以是人物、衬景,甚至是布料或者说是其他的一些摆饰。所以我记得有一次他问我一幅画的主轴在哪里,那我们一般看画,一幅人物画主轴不应该在她的身体或是面部上吗,其实不然。有的时候梁老师画作中的主轴是摆在我们所认为的主轴边上一个毫不起眼的静物上,所以这个就是他画里有一些我们一般人还不是很容易就能理解的哲理在里面。

刘 我根据您对我的问题的回答感受到您作为朋友对梁老师的两层感情,一是对他有一种惋惜,比如说您觉得梁老师应该获得比现在更高的地位、荣耀、称誉等,但恰恰是因为梁老师对这些都并不在乎,使得您对他的尊重和欣赏更加深了一个层次。不知道我这样的理解您认同吗?

马 我的诠释和您的感受其实是一样的,我认为梁老师最了不起的、很难得的一点就是不对现实妥协。对现实妥协就是说你要以一种比较商业化的模式去提升画作在画坛的地位。但如果一个艺术家的画坛地位是通过这种方式来得到提升的话,那本身这个画坛的地位也是打了折扣的。所以我觉得他幸福的一点就是他可以追求自己的理想,追求艺术更高的一种境界而不为世俗所围困。这是要有条件的,就是他没有其他生活上的压力,等等。因为就像我们说的梵高的画,他也是过世以后才被重视,他活着的时候穷得不得了,没人买他的画,那他的画作为什么现在成为世界上公认的大师级别了呢?所以人也许真的只能处在那样一种不受干扰的氛围环境下才能够真正把他自己个人的潜能结合环境的很多因素和条件,将之发挥到极致。如果你是在一个非常妥善的环境,比如说今天中国的下一代,新的一代,在台湾地区我们称之为"草莓族"。"草莓族"什么意思呢? 一踩就扁,很经不起考验。所以人要真正能够屹立在社会上,也是需要经历很多风风雨雨的,只是我们为人父母总归是舍不得让自己孩子吃苦、吃亏,所以会不断地呵护。那么在这样一种环境下成长,孩子可能很会读书,或者可能工作可以找得不错,但他对人生的认知是非常有限的,因为他没有正反两面的比较。那我觉得梁老师就是从26岁到西班牙学画,然后经过40年,在西方那种社会环境,他能够找到自己的立足之处,而且甚至于在画坛能够被欧洲画界所肯定,这个过程你可以想象,不是那么容易的。所以他一定经历过很多很多你我所不知也不能了解的事情,那正是这些过程造就了他现在泰然自若的气度,也因为他对待自己的专业有信心,因为他是经历过对他非常严厉批判的对手或者环境严酷的考验以后才有今天的。

刘 我想询问,您有没有考虑收藏梁老师的画作,或者说已经收藏了梁老师的画作?

马 毋庸置疑,我已经收藏了梁老师的画作了。

刘 当您提出您想收藏他的画的时候,他是什么反应?

马 呃,我们已经认识那么久,那么熟了嘛。所以喜欢他的画我想也溢于言表。因为梁老师是一个非常会读心的艺术大师,这个也是你要成为一个艺术大师所必须具备的基本条件。如果他不会读心,他的画作进入不了那个层次。所以你心里面在想什么,他能读出来。他跟我讲过一个故事,发生在他在东海大学教书期间。有一天,有一个女生可能和他男朋友吵架还是干嘛,可能心情受到影响。他不是看了她的表情,而是看了她的画,他从画里面去分析,然后就问那个女生怎么了,结果就切中要害。所以和梁老师聊天,他会读。所以我对他的画的欣赏根本不需要对他解释太多,叫作心照不宣。我们两个社会历练也算久了,能够在这个年纪碰到梁老师这么一个亦师亦友的人,对我来讲,是一段很棒的经历!收藏他画作很自然,非常自然。

刘 接下来我想和您聊聊梁老师的生活。因为您是梁老师生活当中很要好的朋友,那您觉得生活中的梁老师是怎样的一个人呢?

马 我觉得他的生活就是在吸取周遭的一些他所接触到的人、事、物,那些跟他的艺术创作会有息息相关的一个互动和影响。因为我觉得艺术家看到任何的人、事、物都会有艺术方面的联想。比如说你今天看到天空的一朵云,那个云朵的形状可能是像一个圣母玛利亚或者像一个婴儿或者像一个顽皮的孩子,你会有各种不同的联想。那我认为的,我所感觉到的生活中的梁老师,可以说他的生活就是培养他艺术创作的一个源泉。

刘 作为梁君午老师亲密的友人,梁老师是否有在您面前展露出外人极少看到的那一面?

马 其实不多,为什么呢,因为艺术家这个身份和政治家、职场精英这种身份是不太一样的,他会活得更自在一些,更自我一些,更表里一致一些。所以这也是我说梁老师没什么不一样的原因。梁老师的涵养真的是很好,和他这些年朋友,我几乎看不见他情绪脱钩的时候。也许有,也许曾经发生过,也许外界强烈的刺激也导致情绪崩溃的情形发生过,但我是从来没有见过的。

刘　有看过梁老师喝酒的样子么？

马　梁老师喝酒也很……怎么讲，他比较喜欢喝啤酒，比较不喜欢喝烈酒，尤其是白酒。所以他把酒当成是一个品位的象征，是生活的一种调剂。他很懂红酒、葡萄酒，也懂白酒，平日里喜欢喝啤酒，其他的那些烈酒都很少接触，这是我对他的了解。

刘　很多人都说男人的个性就反映在喝酒上面，我觉得是有一点道理的。那您与梁老师举杯共饮过么？

马　那经常。但我们喝酒的习惯都是根据不同对象来变的，我和梁老师喝酒的习惯就是浅尝即止，随意。没有什么特别的规定，随自己的意，这样子喝酒就是比较舒缓一点。中国人喝酒的文化一向都比较激烈一些，劝酒，那样子喝酒也许可以把气氛炒热，但是肯定其他的副作用会更多。

刘　关于梁老师的生活，不得不说的就是和师母的那种伉俪之情，我经过这些时日与他们的相处，我个人感觉他们真的是非常恩爱。关于他们夫妻俩的小故事不知道您作为友人有没有什么可以和我们分享呢？

马　这个是我羡慕梁老师的另外一个原因。因为，第一个，梁老师夫妻俩有两个孩子嘛，且都已经成人，在社会上工作，还都有一定的成就。中国人讲相夫教子嘛，我觉得夫人当之无愧。第二个，更不要说，我觉得这两个人还担得了另外一个形容词，那就是举案齐眉。他们夫妻俩给我的印象如此。一方面，我羡慕梁老师能独具慧眼寻到这么好的一个妻子；另一方面，我也更欣赏师母能有这样一种随夫的奉献，让梁老师在创作的过程中间完全可以无忧无虑，完全可以很洒脱地发挥出他的真性情。因为艺术家你必须要有真性情，才能将那种真挚的感情倾注到作品当中，才能洒脱得开。我觉得师母最有智慧的一点就是让她身边的这个男人有这样一个发挥的空间。而且虽然我没有看到每一个细节，但我相信她帮他解决了生活中大部分的细节和他的需求，且她绝对不会干扰或 interrupt 他在创作过程中间保持的一个自我。所以这是一种什么样的夫妻相处模式呢，其实我很好奇，因为我并没有这个经验，（笑）哈哈，一般人是没有那么好的际遇的。这个是我很羡慕的。

刘　梁老师的一幅作品《观》，就是以他妻子为原型的。"观"，就是指你在看着我，我在看着你，这幅作品真的是浓缩了两人之间的深情。那我们谈了那么多您对梁老师的印象和感受，接下来我想请您谈谈梁老师对您或者说对朋友是怎样的一种

态度呢?

马　我们彼此之间都很欣赏对方,当然梁老师给我的评价会有很多溢美之词,但是不能否认的是至少我们在交往的过程中很对味儿,这个是必然的。所以我们谈的话题,或者说切入的角度,或者说中间一些心得的交换,我觉得这些都是我们之间能够很快地、在这么短的时间内成为挚友的因素。这个是很难得的,人生得一知己难啊。

刘　您是如何界定您与梁老师的友情的?

马　我跟他之间也许真的可以称得上是君子之交吧。因为我们俩都有各自的工作和生活,也不可能每天都有联系。但是只要有空的时候,我经过上海,或者他回到台北,我们都会联系一下安排个时间,大家一块吃个饭小酌几杯。然后我们都会找我俩都认识的那个医生朋友,我们三个常常在一块儿聚会,互相之间聊聊不见面的那段时间各自发生的一些故事之类的,做一种交换。这个医生姓徐(徐粹烈),他原来也是蒋经国先生的医生,一个很有名的心脏内科大夫。他现在在台北荣民总医院担任心脏科的主任医师,他就是引见我和梁老师见面的关键人物。我们三个人呢算得上是莫逆之交,可以这么讲。这个徐医师给我们仨取了个代号,他说我们三个之间的往来叫作"真、善、美"。那"真"是谁,"真"就是我。你和我聊天,你和我谈话应该能发现我这个人讲话比较直接,虽然会加一些修辞,可我要表达的想法和概念都很直接。所以"真"代表我。"善"呢,自然指徐医师。医生嘛,行善为乐,悬壶济世,所以他就是"善"。那对"美"学的认知毋庸置疑就是梁老师。所以我们三个就有了这么一个自取代号"真、善、美"。这个是从来没有和外人讲过的,所以我觉得用这个来回答应该是比较实际的。

史文：是良师，也是益友

刘 您与梁老师初识是什么时候呢？

史 应该是 2011 年夏天，那是我回国第一年。

刘 直到 2011 年您学成归国，之前您与梁老师还不曾见过，对吗？

史 对。

刘 那与梁老师见面是一个怎样的机缘巧合呢？

史 挺神奇的。冥冥之中一场奇妙的相遇吧。

梁老师有一位堂弟，我称呼他为梁叔叔。我是先与这个梁叔叔认识，然后得他引荐，才有机会碰见梁老师。这位梁叔叔，他是十分狂热的一个古董爱好者。我学成归国的第一年，在我父亲的建议下，就在我们家那儿开了一家小画廊。然后正巧吧，我的画廊位置又是在一条古董文化街里面，所以呢在梁叔叔"寻宝"的过程中他就偶然路过了我的画廊，走了进来。因为我也是专攻油画的，梁叔叔看了我的作品以后也挺激动，就拍了很多照片，可能就拿回去跟梁老师介绍了一下，然后梁叔叔就觉得，既然梁老师都看过我的作品了，那么可以介绍我给梁老师认识一下。

但说真的，刚开始梁叔叔这么说的时候我还觉得这是挺不靠谱的事儿。为什么这么说呢？你想，我刚毕业没多久，画廊开了也没多久，来了一个陌生人紧接着就要介绍一个我当时还不甚熟悉的西班牙画家给我认识。还有梁叔叔给我看了一些梁老师的作品，但这些作品都是在手机里的，也看不太清楚，国内环境鱼龙混杂，download 图片谁不会啊，所以我也怕自己遇上的不是什么正派的艺术创作家，你说是不是。但脑子里还是有个声音告诉我，去吧，去吧，珍惜你人生的这次机会，所以最后我还是去了。其实我第一次去拜访梁老师的时候心情还有点怕怕的，所以还专程叫了一个法国的同学陪我。

　　我当时先在网上搜索了一下梁老师的资料，然后就准备了一些自己作品的影印本还有法国留学期间的笔记、作品等，希望能够通过这一次拜访尽可能地学到一些东西吧。因为，怎么说呢，在法国，油画这方面的教学还不能说是十分被注重，相对于西班牙皇家艺术学院来说，那肯定还是西班牙的教学更加传统一些。尤其是当我后来看到梁老师的作品以后，我更加感觉到自己对人体、油画技法等还是很不足的，很希望能够再更进一步学习。当时去的时候也有点莽撞，搞不清楚梁老师给的地址是工作室还是家里，就这么误打误撞地冲进去了，我还记得当时给我开门的是阿姨。

刘　您说的阿姨指的是梁老师的爱人欧阳湘女士吗？

史　哈哈，对。为什么叫阿姨呢？因为实在是觉得她看起来太年轻了，第一次见面不知道怎么称呼，就觉得叫阿姨差不多。后来熟悉了，这个称呼我也就没改过。

　　当时进门以后我有点紧张，都不知道该说什么语言，一来我不会西班牙语，那么说法语呢又觉得过于卖弄，英语呢自己又都忘光了，中文呢我又怕梁老师他们身在异国那么多年说不顺，但还好，我还有肢体语言和面部表情，哈哈。梁老师很亲切，第一次见面他和师母就消解了我的紧张感。虽然我误打误撞，有点毫无准备的感觉，拿给梁老师看的作品也都是影印的，无论是颜色、光线等其实都不能很好地看清楚，可是梁老师还是很细心，也很亲切地给了我很多指导。

　　我觉得我与梁老师的关系后来变得亲密起来，其中也有一个原因是因为我们都有共同的留学经历。我们两去的都是欧洲国家，两个国家又挨得很近，再加上我留学期间也有一些欧洲游，去过西班牙，所以我们之间可能会有一些共同话题。我对西班牙印象非常好，它是我在欧洲最喜欢的一个国家，甚至超过法国。为什么呢？一来作为学生，西班牙物价低；二呢就是当地人民真的很热情，整个国家的氛围都很火热。就像梁老师有一幅作品就叫作《火》，他画的是一个西班牙舞女的背影，跳弗朗明哥的。西班牙这个国家，就如梁老师的这幅作品，你能够感受到它的热情如火。

刘　那在您去见梁老师之前，您对他有没有一些预设的想象呢？

史　我一直以为我要去的他的"工作室"，应该是那种九曲十八弯然后经过重重秘书引见才能得见真容的。现在想想，梁叔叔真是"上路"，直接把我介绍到梁老师家里面去了，受宠若惊。

刘 那个时候看到的就不是画册上的图了,看到实物的感觉是什么?

史 有一点毛孔炸开的感觉吧。

刘 为什么这么说呢?

史 像我以前在国外就是学油画的,看到的绘画作品其实很多。但很可惜的是,我们以前在国外接触到的特别是一线的、有名的当代油画大师,他们几乎都偏向于抽象,或者印象派,都不太会有写实的作品,或者在技艺上也不太注重人体骨骼的描绘,皮肤的色感、肉感,等等。但是看到梁老师的作品,当时就觉得惊艳、妙、心服口服。因为他所擅长的恰恰就是那些抽象派大师不注重的方面。比如他画的女体的肤色,那种冷暖灰色调,又有碰撞又有融合,画布上的皮肤确确实实有一种被光感染的通透感,让人移不开视线。梁老师自己也说他看到皮肤的颜色不仅仅是表面的颜色,他能看到最里面的最深层的颜色,确实如此。

刘 您还记得第一次为您指导画作的梁老师当时是怎么样的?他是以什么样的语气、什么样的态度来回应您的到访呢?

史 虽然我刚刚毕业,画作肯定不成熟,但他看我的作品的时候不是抱有那种"看看孩子画着玩的东西"的心态的,或者觉得我的画作太肤浅啊,等等,完全不是这样子的。虽然我给梁老师的是影印稿,很不清楚,但梁老师看的非常认真。我也画人体,但我画的跟梁老师画的不太一样,我画的对象是小朋友,是一些没有发育完全的人体。但是,神奇的是,梁老师竟然可以很到位的给我指出来,这个骨骼会怎么长,应该怎么样处理会更好,这样子。然后我当时还给他看了我毕业时候拍摄的微电影,是与我的油画作品有关的这么一个制作,梁老师对我这个微电影评价还挺高。

刘 经过第一次的接触,您觉得梁老师是一个什么样的人?

史 第一次接触下来,说实话,我能切实感受到的是梁老师的亲切、没架子。梁老师很特别的一点就是他非常理解我们年轻人,他也不介意我们年轻一辈的莽撞和无知,所以和这样一个长辈在一起,你的感觉是很自在。

刘 那您和梁老师从第一次见面到今天大概三四年有余了,中间这段时间你们还有过接触吗?或者说接触多么?

史 自从有了第一次的拜访,我是一回生两回熟,自此一发不可收拾,平均每个月我会拜访梁老师一到两次。而且我家还不在上海哦,所以因为梁老师的关系,我每个月都会跑几次上海。而且这中间,梁老师是一直在创作阶段的。你也知道很多艺术家在创作的阶段是绝对不允许他人打扰的,更不用说让你进他的创作室了,但是梁老师是非常非常倾其所有的。他一直和我说,"来啊,来啊,可以过来看啊……"所以我每次去几乎都会有新的作品,可能有的作品不是大幅的,是小幅的,画在小木板上这种,或者还有水粉,等等。不过我那个时候脸皮也厚,现在我也不记得当时都是编了什么理由天天跑梁老师家了。总之一直去,而且是带着笔记本,假装去聊天,但是聊着聊着就会聊到梁老师的作品,然后我就从中偷着讨教一些知识,偷师,哈哈。不过,值得一提的是,梁老师非常耐心,哪怕他正在作画,我在旁边叽叽歪歪,他也不会怪我。反倒是比如说他要上一个颜色,然后他拿了几个颜色去调,他为什么拿这三个颜色,怎么调,他都会一一细致地和我说。毕竟梁老师画人体已经算是大师级别了,关于女体肉感的颜色他有好几种专利搭配,就是梁老师独特的那种灰色调,他都不会说藏起来不告诉你,而是会分享给你,教给你,这真的是很难得的。

刘 如无意外,就一直保持这样的见面吗?

史 基本上。但在梁老师来苏州前,就是他在上海的时候,我去的次数可能也比较少。因为我的那个小画廊这两年也有些许成效,所以有时候还是有点走不开。但最近梁老师来苏州讲学,我每个礼拜都来的。

刘 与梁老师的会面主要是关于绘画上的探讨以及艺术的交流吗?

史 对对对,我把自己未完成的作品,或者自己觉得画不下去时遇到瓶颈的作品都会带过来给梁老师看看,听他讲讲。

刘 您也说到了您的画廊,据我所知,您的画廊开幕的时候也请了梁老师做嘉宾,是吗?您是出于什么样的考虑把他邀请到您的画廊开幕式上的呢?

史 说到这个事情,我还觉得挺抱歉的。因为我这个画廊的开幕不是完全意义上一个全新的画廊的开张,是一个承接了以前的画廊并进行扩张的这么一个仪式。起先呢,我也没有多想,就是想说要邀请一个好朋友过来,也就是我们梁老师过来。后来呢,仔细一想,觉得不行。我想梁老师毕竟是大师,我是不是该联系一下我们这边文联的一些大人物来撑撑场面。但梁老师他反倒是考虑到我开张事多,一个劲儿和我强调,他就是来看一下看一下。然后,我那天也很抱歉,都没有考虑到安排一个人去接一下梁老师,就让梁老师自己一个人搭着高铁到的苏州,然后再到画廊。所以这份情谊真的是让我觉得无以为报了。

刘 您画廊开张的时候,梁老师除了亲临现场以外还做了哪些事呢?

史 有有有。梁老师来我们新画廊之前，有很长一段时间我们都没有联系了。梁老师中间也回了一趟西班牙，还回了一趟台湾，我们通讯不频繁，所以梁老师也不知道我在这么长一段时间里具体操作了些什么事情。后来，他知道我画廊要开张，然后他和我说他总算放下了心中的大石了，他觉得我们家小史还是没有浪费光阴，终究是在这期间干了一些事情出来的。这中间还是有一个故事的。

然后开幕式当天，梁老师也跟众人讲解了一幅他自己的画作，就是汶川地震梁老师捐赠的那幅很多双手抬着一个受伤的士兵的《手》。他给大家详细讲解了一下，因为当时正好我也展出了他的作品。

刘 您是特地在开幕式那天，挂了梁老师的画作为你开幕式的一个展示作品吗？

史 不算刻意吧，因为那整面墙都是我老师的作品，最主要的一个就是梁老师。除了梁老师的作品外，还有我一个法国老师的摄影作品，还有国内也蛮有名的一个油画大师叫作柏佳甫的作品。整面墙中，梁老师的作品是摆在正中间的。我布展的时候就是这么考虑的，但那个时候我都还不能确定梁老师是不是真的有时间过来。

刘 我觉得梁老师对于您真称得上是良师益友了。

史 我能感觉到梁老师不仅仅是把我当作一个学生，更像是对待一个家里的晚辈，我觉得。不仅仅是作品，还有我的工作，甚至为人处事方面他也会和我讲一些他这么多年生活过来的这一些经验，提携我。梁老师还非常关心我的生活，在我未婚的时候他还给我做过介绍呢。

刘 能说下具体情形吗？

史 当时我去上海找梁老师偷师吧，然后就被梁老师逮住去喝了个咖啡，然后他介绍了一个台湾的男孩子给我认识。当时也就喝个咖啡的时间吧，时间不久，但结束的时候梁老师还跟我总结了下这个男孩哪里好哪里不好这样子。

刘 刚刚我们聊了您与梁老师的相识，梁老师帮助您、提携您的一些事情，有没有什么感动的故事能给我们分享一下？

史 有很多呢。说实话，我自己的创业历程、情感历程，不可能都是一帆风顺的。有时候会碰到难过的关卡，会有自己很伤心、很沮丧的时候，每当这种时候梁老师都会非常非常耐心地开导我，甚至还会和阿姨两个人专程过来看望我。

结婚之前，有一段时间情绪特别失落。那段时间梁老师他们挺热心给我做些介绍的，还会拿他学生照片给我看，有一次更搞笑了，他还拿出他二儿子的照片给我看,说,你觉得我儿子怎么样。真的,哈哈。

  还有一件很感动的事情,就是发生在最近吧。好不容易能在苏州逮到他呀,所以我也特地赶来见了他一次。因为我们有段时间没有见面了,所以就是离别的时候阿姨和梁老师两人都抱了我一下,然后拍拍我的背,我当时眼泪也掉下来了。就觉得……(哽咽地哭了)我们这一辈可能大家感受相同,就是有时候和爸爸妈妈聊起天来会有些代沟,他们不能真的能理解你内心的想法,会有些磕磕碰碰。可反而和梁老师和阿姨他们聊天会很顺畅,然后他们也会为我考虑到很多,甚至有些方面是我自己都没有想到的。你要说有什么具体的大事情,我反倒是觉得生活中的细节更能令我感动吧。

刘 不只是艺术上的事情,生活上遇到烦心事您也是直接给梁老师打电话的,是吗?

史 对。就觉得和梁老师聊完,自己接下来这一步就能走得踏实一点。有的时候会觉得梁老师和阿姨与我之间的关系界定起来会很模糊。有的时候他们是我的长辈,是比我爸爸妈妈都要高出一辈的长辈;但有的时候,他们就像我的同龄朋友,是可以想说什么就说什么的好朋友。

刘 你们的交流中,您有感觉到代沟吗?

史 我没有。在梁老师面前我有时想调皮就调皮了、想要性子就要性子了,开心就开心,不开心就是不开心。那当我不开心的时候,他们会有他们的沟通方式开导我,很奇怪,我特别听得进他们的话。

刘 您开了画廊,在事业方面是不是也会征求梁老师的意见,向他取取经什么的?

史 那肯定。很多方面我都有问到梁老师。就像去年我们有一个百名企业家肖像展的这么一个活动,有人想找我们做这个项目的时候我们就跟梁老师咨询了好多次,梁老师也给了我们很多宝贵的意见,这些意见是我们这个年纪的人完全没有办法想象到的。但是我们肯定不会大事小事都找梁老师,只有我们觉得很大的事情我们才会说要认真咨询一下梁老师。

刘 现在我们再来谈谈梁老师的创作。我想您去过那么多次他的工作室,肯定也亲眼见证了梁老师作画的过程,您观看他作画是怎样的一种方式呢?

史 一般是他在画我就在旁边看,随时有什么问题或想法我也会马上提出来,而梁老师也会放下手中的东西来回答我的疑问。甚至有的时候,我还没有提问,他就会先放下手中的东西自己主动地告诉我,这一笔为什么要这么做,这个颜色为什么要这么调,这个关节怎么走,等等。他甚至还会拿一张草稿纸或者白纸,局部放大重新画给我看,细细地和我讲一下。大师免费教学啊。

  不明白的时候他会亲自示范,不懂的时候他会细细解释。打个比方,老师们有时候都会说,"画画,不画的时候要多想,画的时候就不要多想。就放开画",那一般老师说到这里就打住了,但梁老师不是的。他会接着说不画的时候要多想,要好好想,那是要想些什么。然后他就会罗列出很多部分,比如说油画用油、用色、构图、构思、平衡感,构图的平衡感,色彩的平衡感,他会讲得很细,而每个小章节里又都很有讲究。比如说用油,每层用多少,颜色怎么加,油多颜色多油少颜色少;或者颜色,该用哪些颜色就够了,你不需要用一些莫名其妙的颜色把整个画布弄脏;还有色彩调配也有梁老师专利的一些调配方法,等等。

刘 我想知道,您与梁老师有没有过艺术上的探讨?如果有的话,会说些什么呢?

史 有。比如说有一次我也是去梁老师上海那个工作室"上课",起头忘了,但是我们聊着聊着就聊到了一个以画场景出名的艺术家叫安东尼奥 · 洛佩斯。然后那个时候我根本不知道这个人是梁老师的老师,但其实之前梁老师送我的画册的简历上有写,也有梁老师与他的合影,但我聊天的时候忘记了,没在意。所以我是凭直觉在那边和梁老师说我觉得这个艺术家很厉害,令人难以想象之类的。那安东尼奥 · 洛佩斯的作品神奇在哪里呢,就是说比如你透过窗户,站在高楼上,你能俯瞰到苏州全城区美景对吧。他能全给你画到,而且你远看的时候会觉得他画的非常非常细致,像是用勾线笔细细勾勒出的;可是近看却发现其实他一点都不写实,都只是色块的堆积而已。

  那我就是提到这个人的时候,梁老师就笑着说,不就是我老师嘛。然后也蛮巧的哦,既然说到了,梁老师就细细地和我说了一下这个艺术家的绘画理念、方法之类的。之前我对这个艺术家多是很模糊的,就是觉得画作中观察的视角,那种透视的感觉,非同寻常,很妙,很惊艳这样子。但是经过梁老师的解释,会有一种醍醐灌顶的感觉。打个比方说,以他一幅很有名的作品为例,那幅作品上画了一个浴室、一个洗脸池还有一面镜子,梁老师就让我细细地看那幅画。然后我就看他画的那个块,上半部分和下半部分,当中有一个像 bug 的一块地方,一般人会以为它是一个错误,但其实不是这样子的。只是他画的那个视角是无限靠近洗手池的这么一个视角,如果是我们正常的站在那个位置,那要么只能看到上面要么只能看到下面,是不可能看到这么一整幅画布上展现出来的那个画面的。所以这幅画作实际上是超越了人生理上的一种透视,非常厉害。那也是经过梁老师的解释以后,才知道的。

我就觉得梁老师他不仅是一个很厉害的原创油画大师,他还是一个活字典。只要与艺术相关,他什么都知道,都懂。而且不是那些肤浅地说知道这个艺术家叫什么,有什么代表作,而是能深入到这个艺术家为什么要画这幅画,他的整个创作经历是什么样子的,他为什么到最后能够出来一幅优秀的作品之类的问题,他都能给你讲得面面俱到。不仅仅是他的老师,涉及别的艺术家他也可以跟你讲得如此通透。而且,他不是用那种哲学家的方式给你讲,而是深入浅出,便于你理解。

所以我觉得梁老师这部活字典就和我在法国留学期间上的一堂课中老师讲的一个点很契合,就是说我们平时自己在创作的时候不能把自己关在家里一个人苦心钻研,这是不行的,你必须走出去。你要多看展览,多看优秀的作品;你要知道今天哪些艺术家创作了哪些被认为是优秀的作品,而它们又为什么优秀。只有这样,你才能知道什么样的才是好的,什么样的才是坏的;只有这样,你在明辨这些好坏以后,才能往更高的一个方向前进。

刘 我了解到您现在还在从事艺术教学的工作,我很好奇梁老师作为您的老师,他的教学方式会不会对你的教学方式产生影响?

史 影响还是很大的。在我还没正式教学生的时候,梁老师就已经和我强调了一些比较重要的东西。一个成功的老师培养一个学生是不会去把这个学生塑造得和你一模一样的,因为画得再怎么接近却不能改变他没有超越你这个事实,这样怎么能称得上是好学生呢?所以梁老师和我说,你带学生一定要挖掘学生特有的东西,发挥他的长处,且对他要起到一种抛砖引玉的作用。还有就是绝对不要去限制自己的学生。所以我现在带学生,无论是小朋友还是大人,我对他们都不会像有些国内的老师,比如说握笔一定要45度啊,然后这一笔一定要怎样下去啊,不会死抠这些形式的东西。基本功是要抓的,但我还是希望自己的学生能有自己的特色。个人特色是很重要的,没有个人特色,画再好也是copy,这没有意义。

刘 您觉得梁老师在生活中是一个什么样的人呢?

史 梁老师是一个可爱的人。从梁老师和阿姨的相处模式中你就会观察到,梁老师其实挺可爱的。该怎么说他们两个呢,夫唱妇随?是这个意思,但是这四个字放他们身上会显老气。他们经常应该算是打情骂俏吧,哈哈,而且两人还经常会爆出一些笑点,两人都很幽默,很可爱。

刘 有没有发生什么事令您印象深刻呢？

史 前两天我们去吃饭，然后梁老师捡到了二十块钱，他开心得和个孩子一样。然后梁老师就一直在那边嘀咕怎么办，怎么办，我捡到20块钱，这20块钱怎么弄这个样子。然后那个时候正巧服务员在那边和我们争论要不要开瓶费的问题，梁老师就觉得，哇塞，自己太聪明了，然后就很大方地把这20块钱给了服务员，还洋洋得意地说，"这样一来，我们也不吃亏，服务员也得了便宜，两全其美嘛"。后来梁老师出了饭店，脸上洋溢的喜悦都一直没有散去，蹦蹦跳跳的。所以我说啊，梁老师会从生活中的小事里发现到那种乐趣，他活得很快乐！

刘 您跟梁老师交往这么久，有没有想过要收藏他的一幅画？或者说您已经收藏过他的画作？

史 想过啊。确实是，梁老师送给过我一幅他的小稿，画在小木板上的。

当时梁老师正在画一个女性蹲坐着的背影，正好我也在场，然后他也在教我。当时的场景是，梁老师拿了一张素描纸在那个上面一边画一边给我讲那个脊椎骨，然后讲完了以后他就拿了一幅我不知道他是什么时候画的或是什么时候准备好的一幅小幅画，然后他和我说，"哎，这个就是我和你讲的这个姿势，那你拿去吧，这幅画就给你了"。哈哈，就是这个样子，很自然。那这幅画我现在没有把它放在画廊里面，我就是放在家里，放我自己还没出嫁前我房间的床头位置，裱起来的。

刘 那是对于一个女孩子来说很重要的位置，所以可见您喜爱之深。

史 我当时拿到以后还开玩笑说，"发财了！发财了！"哈哈。

刘 那假如说，撇开其他因素不考虑，有机会的话您要收藏梁老师的画作，您会选择哪一幅作品呢？

史 我最欣赏的还是……我手机里有，待会拿给你看。这幅画是纯灰色系的，又有点偏暖色调，然后它不像梁老师的有些作品那样会有鲜亮的大色块或者说视觉冲击力很强，倒不是，她比较灰色调，里边的人物是蜷缩在一团的，而肚脐眼这个位置会有一道光，打在上面，皮肤的质感非常非常通透。这幅作品我是在梁老师上海办的一次展览中看到的，是在一个酒店里办的一个非常艺术模式的展览，那次参展的所有艺术家的作品都是放在一个个房间里进行展览的，而且规模不小哦，几层楼的客房里都是各式各样艺术家的作品。

刘 那即便是没有拿出去参展的其他作品放在一块儿，您还是最喜欢这幅作品是吗？能说说原因吗？

史 我觉得这幅画里有一种突破。梁老师的画作从我第一次看到到现在，它一直在变。最初的时候，我觉得梁老师的画作没有像现在一样大胆，我感觉没有那么放得开。因为那个时候我看到的很多画作，女体都是和纱幔、绸缎结合在一起的那种造型，很朦胧，然而纱幔或遮布的刻画又比较写实。但是过了一段时间，我发现梁老师的画作中那些纱幔和布变成了鲜亮的大色块，是比较平面和抽象的，那时候这种抽象又和画布中女体的写实形成一种鲜明的对比。但是，到了我提到的我最喜欢的这幅画的时候，又不是了。他去掉了鲜亮的大色块，将整幅作品都变成了灰色调。我觉得这是很难操作的，对画家要求非常高。我的理解是，你想啊一个鲜亮的东西和一个灰色的东西你放在画里面，观赏者很容易区分"你就是你，我就是我"对不对。但是当整幅画作都变成灰色调的时候，那才真的是要达到"你中有我，我中有你，而你还是你，我还是我"，这就很难了。因为他还需要在整幅的灰色调中表现出一些细微的对比，那就是要靠画家对光与色运用的把握了。那这种挥洒自如的运用会令整幅作品都变得惊艳，这就是我喜欢梁老师画作的原因。

刘 如果用三个形容词来形容您眼中的梁君午先生，您会觉得哪三个形容词更加贴切呢？为什么？

史 梁老师对待绘画是一丝不苟和全情投入的，用一个流行词汇描述就是"中国好画家"；对待生活呢，他又是一个很有责任心但很有爱的人；对待朋友、妻子、孩子、学生，面面俱到。

刘 师徒、朋友、人生导师，通过采访，我现在能理解您们之间的这种关系了，非常好。那非常感谢您今天接受我们的访问，也恭喜您今天第一天得知您有了小宝宝。

史 谢谢，谢谢。

欧阳湘：人生是不可规划的

刘 您还记得与梁老师的初次相识是在什么时候？

欧 应该是他去西班牙的前半年吧，1966年年尾。我们之间的相识其实挺自然的。我公公婆婆那个时候有个世交，而这个世交又和我们家是隔壁邻居，我们两家处得比较好，所以就自然而然因为这个原因认识了我先生家里。那我呢，开始也没有特别觉得他怎么怎么样，因为女生嘛，那个年纪就想找个帅的啦或者怎么样子的。但就第一印象来说，就觉得还不错，人蛮亲切的，蛮自然的。而且还有一点，在我没有认识他以前，我就看过他的画。因为我们邻居家里就有一幅他的画，那时候他也还没正式学过画画，所以邻居家那幅也只是临摹。但那是油画。一般来说，你们看到他出国前的那些临摹，包括那幅《蒙娜丽莎》，很多都是颜色铅笔画。可那幅送给长辈的画他画的是油画。那幅画画的是一只鹿，那只鹿是在一个冰天雪地的水塘里面，鹿在水中探出了头。画得相当地好，虽然是一幅copy的画。所以说，在还没有见过他的人以前先认识了他的画。除此之外，对他的传闻当然也听过不少，说他很有才啊什么的，等等。所以对他印象还不错。见到真人了也觉得还可以，人很好。所以就这样很自然而然地交往下去了。

刘 当时您父母对梁君午的印象如何？

欧 我爸爸当时不在台湾，但我妈妈对他印象很好。我妈妈是蛮喜欢他的，一直觉得这个男生蛮好。尤其是在当时那个时候，很多家庭的父母都希望女孩子找个有钱的或者说是前途远大的，等等。可是我母亲很了不起，当时连邻居家都有劝说，他们家环境也不好，而且要到外面去，学的还是美术诸如此类。但我妈妈从来都没有拿这种东西去衡量、去评估这个男孩子。几十年前的台湾，学美术是被看作很没出息的一件事情，学画画是没办法活下去的，父母绝对不会说鼓励自己小孩去学画画,都是那种考虑。而且原先还蛮好的,在工厂里做工程师,赚的薪水也不错,怎么突然就要去学艺术了呢。虽然知道其中有蒋经国先生的缘故,可是所有人都觉得他要走的这条路是很艰苦的。学得再好,回来的出路最多是去学校当个老师嘛。尤其是在当年那个时代,台湾地区经济还没有开发,卖画是没有这个市场的。当时也有一些我的朋友劝我说让我想清楚,还告诉我他们认识一些有名的画家都是靠求人买画才得以为生的,等等。我爸爸,后来回台湾后和他见了面,也是当面对梁君午说,"你真的要去?你要知道你这条路是很辛苦的哦"。可是他回答说,"我知道的"。事实上,他是没的选,你说对吧,因为他就是要走这条路的。

  所以当时的情况是我们两个人都觉得心里有数,就已经做好将来一起吃苦的准备了。虽然这条路不好走,但他也走了。我记得是秋天吧,他就去西班牙了。走的时候我去送他。当年台湾地区出去很不容易的,观光旅游这种都还没有开放,所以家里有一个人出去那真的是全家老老小小、朋友、同事都来送的。我、他父母甚至他外婆,已七十多岁了都到机场来送。总之声势浩大,他就那么轰动地飞走了。

刘 梁老师去欧洲了,你们的交往也受阻了?

欧 他走了以后,我们两人就是靠通信联系。那个时代等封信真是要等很久。一封信,从欧洲过来,起码要一个礼拜。我再回他一封信,又得一个礼拜。我印象中两人也没通过什么电话。所以实话实说,蛮辛苦的。刚开始的时候,他和我说没关系,他就去两年。我们两个一开始都以为是去插班的,所以我也就觉得两年嘛,也还好,等一下嘛,没关系的。结果他到西班牙后,我们两个就觉得两年根本就不可能。因为他原本也不是学艺术的,他学的是工科,根本和艺术完全不相关,所以他也没什么相关的课程学分可以抵掉。而且去了以后才知道,不只不可以插班,连学校也要自己考。而且他要去的那个学校,真的很难考。有的人准备了好多年都考不进。并且,他到那的时候也已经错过了那一年的考试时间,下一次入学考试就是第二年了。所以当时很多人都泼他冷水,说算了吧,回来好了。但他就觉得,来都来了,那就考考看吧。考不上再说好了,回来或者去别的学校。所以说去西班牙的第一年,他就先是读语言学校学语言,然后就是去预科班学素描,准备考试。我想他还是很有天赋的,没想到真的就被他一次性考进去了。既然进去了,就定下心来,好好念了。那个学校要念完,至少需要5年。再加上他第一年学语言,准备考试,等等,所以他总共要在西班牙待六年。六年,不是很短的一个时间。于是他说,"两年不行了,要六年"。那我想,"那也没办法啊,就等呗"。

刘 刚刚交往就要离开,心里难道不会有担心,会不会有看不到这段关系未来走向的那种忧虑吗?

欧 那当然会有,有可能的嘛。但你说两个人交往,我会担心他,他也会担心我,一样的对不对。说实在话,他走了以后,我也不是没人追求。可是,心里面肯定是有那个标准说谁都不如他。而且我已经有男朋友了,换句话说我何必另外要去定标准呢。可能是我们那个时候人都比较单纯,没想法了。认定他了,就死心塌地,挺简单的。

刘 所以您就等了这么久。

欧 嗯。但他念书还是蛮顺利的,都没有碰到什么挫折。除了语言可能最初是一个问题,刚开始会有障碍以外,总体上他念书还是很顺利的。

刘 梁老师决定去学画以后,临走前在机场或在更早之前,他有没有向您承诺过什么?

欧 当然会有的。我们那个时候人比较淳朴,他也不会存什么歪心思,去外面就仅仅想快点学成归来。我也一点不怀疑,就觉得他当然是会回来的。我们那个时候也没订婚,只是说心里面互相都有那个默契在。

刘 您当时心里的真实想法是什么?您是看准了这个男孩子的才华还是什么?

欧 说实话,我没有看准。我们怎么懂啊,自己年纪也很轻,只是感觉到他人不错,然后两个人交往也蛮合得来的,然后就没了啊。你说我一定看准什么将来会怎么样,说实在话,我那个时候根本不知道,谁知道呢。

刘 梁老师去西班牙后,您与他之间的交往就是通过信件来进行的,我可以问一下你们写信都说些什么吗?

欧 对,写信、寄照片。信的内容一般就是讲他学业上的事情,然后遇到了什么困难,遇到了什么快乐的事情,等等。还有一部分主要的就是寄照片。和同学出去玩的、一起学习的、生活的那些照片,还有著名景点的风景照,等等。我的回信也就是讲讲我的生活,说些他家里的事情,都是些双方的生活状况。

刘 梁老师最初去到西班牙时,会不会通过写信告诉您一些他遇到的困难?如果写了,那您又是以怎么样的方式去回应的呢?

欧 当然会写。但他的状况也确实和别人不一样,如果别人也发生一样的情况,那回来就好了。可是他是公费留学,是送他出去的,所以由不得他说不干就不干,或是任性地回来。更何况,他尽管会遇到挫折,但他觉得学习的过程还是很有意思的,很感兴趣的。并且,我和他的想法是一样的,挫折和磨难,不管你是在哪里,都会有的,重要的是你是不是 enjoy 那个过程,是不是愉快,是不是学到了什么。所以,我一直鼓励和支持他。

　　还有,西班牙是一个蛮热情的国家,这个国家的人民也是蛮热情的,对我们都很和善。早期在西班牙中国人很少,非常少,除去一小批老华侨以外,去西班牙的都是去念书的,都是学生而且以台湾地区人居多。西班牙人民对待大学生非常客气,他们对知识和学者都怀有很深的敬意。所以总的来说,他一个中国留学生在外面,日子其实蛮快乐的。西班牙人民也和善,学校里也不会有歧视,再加上他在学校表现又很好。还有一个原因就是,他是考进皇家马德里艺术学院的,而且算是去得很早的中国人。为什么强调考进去呢,那是因为后来来的一批台湾地区的学生,和他就不太一样了。他们都是原先艺术系的学生,入学考试通过以后,他们很多可以抵消学分,直接从三年级开始插班,或者有的是四年级就插班。你可能会觉得他吃亏了不是,但你换个角度考虑,其实他是占了便宜。因为他是扎扎实实地学到了西班牙艺术领域的一些东西。前三年其实是最基础的,一个留学生一来就从四年级开始,很多东西都没学到,来了说不定语言都还没通呢,混两年就走了,你说这有什么意义呢? 多半是没学到什么的。所以他是特别的。加上再后来,他这个艺术学院改制了,圣法南度高级艺术学院归到马德里大学变成一个艺术学院了。这样的改制以后,入学变得宽松了,于是就有大批的学生进来。从前他们考进去,第一年,整个学校只有 50 人。所以这 50 个人可以享受整个学校的设备。到后来,每一学期都有几百人进来,师资也跟不上了,整个艺术生的素质也下降了。所以他作为早期去往西班牙的中国留学生是蛮幸运的,蛮特别的,日子也过得挺顺。我和他有过的四年互通信件的日子,就是在这互相鼓励和理解中度过的。

刘　梁老师的留学,无论是学习还是生活,其实是挺顺利的。

欧　他到了大三的时候,就鼓起勇气去找画廊了。也不是刻意地去找,但他有开展览的想法。他也不敢说自己是学生,怕人家听他是学生就不理睬他。正在这时他刚巧碰到一个画廊,他把画拿给人家看,人家画廊觉得"很不错,那你拿来展吧",于是他就拿去展了。就这样他办了人生的第一个画展,而且挺成功,还赚了一点钱。赚了钱,他就拿了这笔钱回台湾省亲。当时的留学生其实蛮可怜的,出来留学都是念完书才回去的。不像现在的留学生,经济条件允许的话每年都可以省亲,不是的,这在当时是不可能的。他是因为在大三就办了展,赚了钱,所以才能买机票回台湾地区。当时像他这样的想回来的留学生也有,所以他买的是留学生包机的那种飞机票,就是会飞很多站的那种航班。从他离开台湾地区去西班牙到他第一次省亲,已经过了三年有余了,哦,没记错是四年了。那个时候,我们俩谈朋友才算是谈得深入一点了,于是就订婚了。我们那个时代还是讲究订婚的。请了客,订了婚,两个人就正式是"朋友"关系了。他是暑假的时候回来的,定完亲他就又回去了。

刘 那他回去后,你们的生活又是怎样的呢?

欧 他回去后,还有两年书要念。但我们俩已经分离四年了,算是相当长的时间了。后来有人还说,"哎哟,你们那个时代,这个朋友关系还能维持四年不变真是一种奇迹"。但我觉得,我们那个时代的人还很单纯。真的,好像说既然两个人是朋友关系了,那就有一种承诺和默契在这段关系里面。就是说两人都明确将来这段关系是要走上结婚这条路的。所以我也就蛮死心塌地地等,一等就等了四年。他后来回来订婚,订了婚又走,我也还是就打算继续等下去的。是他后来说,"不行,我不愿意再分开那么久,你必须要来",那我说,"随便啦,三年两年我就再等等嘛",但他又说,"不行不行,你必须要来"。所以那个时候,大概是在1972年初吧,我就到西班牙去了。

刘 您也去西班牙了,那当时您的生活是怎样的?

欧 对的。我刚去西班牙的时候,他还没有毕业,他还住在书院里面。他安排我住在一个修道院的学生宿舍,我也就乖乖住那儿了。然后,我就在修道院修西班牙文和橱窗设计,他呢,就常常放了学过来看我。那时候,他买了一辆二手车,很破的一辆车子,他放了学就开着车子来找我,然后两人就出去找个地方念念书,做做功课,晚上再送我回去。当年,西班牙还是很保守的,尤其我还是住在修道院的学生宿舍里面。它们规定是10点钟吃晚饭,所以10点是门禁时间,就是说在那以前他必须送我回去。过了时间,大门锁起来是进不来的,否则就要按门铃,打扰他们休息了,那不太好意思。所以我每天10点前回去。等到放假,他就开了车子带我出去玩。就是这样子,生活也挺惬意的。

刘 在1972年,梁老师还是学生的时候,与您就在西班牙的沙拉曼加大教堂前留下了一张很珍贵的合影照片。

欧 那张照片应该就是那个时候,他带我出去玩的时候留下的。好像是复活节的时候,我们去了沙拉曼加。沙拉曼加是西班牙的一个大学城,在马德里附近一百多公里。它号称自己是欧洲最古老的大学城。当然它没有马德里大学有名,但沙拉曼加大学也是很有传统的一所大学。所以整个大学城的文艺气息挺浓厚的,它有一座很有名的教堂,有一个很传统的大广场,很漂亮的。后来台湾地区很多留学生,没能去成马德里大学,都会把沙拉曼加大学作为一个很好的选择。记得没错,照片是那个复活节的时候留下的。

刘 您和梁老师是什么时候结婚的呢?

欧 就在1972年10月,我们就结婚了。因为他在书院里边住,一段时间后这个书院就不给奖学金了,所以就决定不住了。他说,"既然我不能住,你一个人住外面,干脆我们两个结婚好了,两个人住还能节省下生活开支"。所以我们就决定了在1972年10月5日,结婚了。我还记得是10月5日,但我们两个从来不庆祝我们的结婚纪念日,因为我老公记性很差,常常忘掉。哈哈。好在我不是很在意这些东西的,有时候我会提醒他,我说,"你知道吗,今天是我们的结婚纪念日",随后他才说想起来了。但我觉得没关系,无所谓。结婚纪念日是一个形式,重要的是我们每天都在过日子,对不对?我们很少说为了一个节日去吃烛光晚餐什么的。我大儿子就是情人节那天出生的,所以照理说这个日子肯定不会忘了吧,可是我们也没有说要罗曼蒂克地去过什么情人节。我们两个的相处就是抱着那种很自然的、很无所谓的态度,很平淡地过日子的。因为生活中重要的是每一天,并不是某一天或某一顿饭,只要你每天能关心我,那就够了。

刘 当您以未婚妻的身份去往西班牙时,心情是怎样的呢?尤其是您的家庭、事业、朋友,所有的这些都在台湾,您是抱着什么样的心情跟着梁老师去往一个您完全陌生的国度的呢?

欧 就觉得去重新认识一个国家也挺好的,所以在没去之前,但决定要去以后我就在台湾学习西班牙文了。不过学的时间很短,一两个月,到了那里肯定还不够用的。所以去到西班牙以后,也就和他走了一样的模式,先去语言学校学西班牙文,然后进设计学校学橱窗设计。早上学语言,下午学设计,假期就两人一起跑来跑去地去玩,我自己感觉还是蛮愉快的。我觉得有这么一个机会去往异地,也蛮值得的,开拓视野嘛。说实在话,他是一个艺术家,而你是陪伴在他身边的一个人,事实就是你要陪他一起成长。其实我对艺术,本来并不是说特别有天分,可以讲是没什么感觉。可是因为两个人生活在一起,他的东西,他的喜好,你也必须去了解。于是慢慢地接触多了以后,我也渐渐觉得去这一趟自己也学到了很多要是留在台湾可能学不到的东西,蛮值得的。我刚去西班牙时,无论是学习还是生活都可以说是挺顺利的,这样的状况其实和梁君午随和的个性分不开。我当时住在修道院的学生宿舍时,他常常下课来找我。因为他和我们修道院的修女关系都非常好,修女就有一次开他玩笑说,"小心我们说服你的未婚妻留下来做修女哦",然后你猜他说什么。他说,"没关系啊,那我就在这做园丁嘛"。因为修道院里的花园很大,所以都由园丁在整理。我讲这个笑话,就是想说他这个人蛮风趣的。西班牙文说是人们觉得他很 simpático,字面上的翻译是使人有好感的,我很难找一个类似的比较贴切的中文意思去说明,但大概意思就是说这个人很 open,亲切,谈笑风生。所以他这个人很容易和别人相处,再加上西班牙人个性也挺直爽,直来直往,所以他这个个性在西班牙反倒挺适合的。

刘 您为了梁老师,为爱走天涯,但您的态度出乎意料地随和,随遇而安。

欧 对啊,没关系。我觉得你要去哪儿就去哪儿吧。就像现在我们来苏州一样,我们前四十年都在西班牙。当时我们结婚,生孩子,学校念完后其实他回台湾教了两年书。那时离开西班牙的时候,我肚子里已经怀了老大了,五六个月了,还一路经过法国、荷兰、比利时,最后是到英国再坐飞机回的中国台湾。所以老大是在台湾出生的。他回台湾教了两年书以后就觉得那个环境不是那么符合他的期待,因为教书的结果是会在某种程度上荒废你的创作的。并且台湾地区在当时那个时代,经济还没起飞,职业画家这条路是走不通的,所以必须做个教书匠。但是他内心还是想画画,想做个职业画家,最后的结果就是经蒋经国先生同意,我们两人抱着一岁半的孩子,带着为数不多的钱,毅然决然地重回西班牙去了。学成归来我是早就知道的,重返西班牙的决定站在他的立场考虑,我也觉得是对的。所以我作为妻子配合他就是了,完全地配合。

刘 梁老师和您决定重回西班牙,有没有提前设想过接下来新的生活是怎样一番景象?

欧 当然想过啊,觉得可能会很辛苦,心里都有准备的。生活不富裕。回去的时候我记得就是带了几千美金吧,不算多,到了后就先租了个房子住。房子的客厅很大,他可以作画,就这样过吧。但也蛮幸运,他画了第一批画以后就去找画廊,然后托一个西班牙朋友的福,给他引荐了一个画廊。他就去参观了那个画廊,结果参观以后,他们就来家里看画,看了以后感到很满意,然后就展了。结果一展,谁知效果竟然很好,画卖得不错。后来,渐渐就有了点积蓄,然后就在西班牙买了房子。起初房子是比较小的，以后再换个大的。就这样子，人脉慢慢打开了，生活也更稳定了。

我觉得说到底我和梁君午蛮幸运的。这一路走来，你说吃苦，真的很苦很苦的那种经历我印象中是没有的。有的留学生很辛苦，平日里还要去打工啊、洗盘子端盘子啊，这些我们都没有过。他念书的时候有奖学金，工作的时候一开始有一点积蓄，很快他的事业就起步了，画也卖得不错。所以你说省吃俭用过日子那有，但整体上就还蛮顺利的。而且正好我们回去那两年，西班牙经济正在起飞，所以画的市场非常好。

我觉得，他一开始学的理工科，做的工程师，后来改学艺术，成了画家。我觉得这条路是老天爷的安排，也正因如此一路走来都蛮顺的吧。只是我们人生规划中原本以为会终老西班牙，却没想到，人至老年，最后竟然回到故里，回到东方，这也是一种缘分吧。因为朋友的关系认识了田校长，又去了台湾教书，来了上海，认识了一些朋友现在又到苏州，认识了你们。所以其实就是那天我说的，"人生是不可规划的。顺其自然吧！"你说未来一定有什么安排，我也不知道，就这样走着看着，其实也挺不错！

刘 既然日子过得不错，为什么又决定再回来呢？

欧 最后为什么会回到东方呢，一个直接的原因就是我公公过世了。虽然我们早有打算回到台湾，因为他是独子嘛，但说实在话还是不太愿意的。因为我们俩都很喜欢西班牙，所以是希望我公公婆婆能过来。他们呢也来过两次，我公公来过三次，可是他们住不惯。当然我也完全了解，陌生的环境和不通的语言，西班牙又不像是美国有华人电台、华人报纸等，所以他们住过两次也就回去了。可在我公公走了以后，我们就赶快回到台湾，陪我婆婆住了大概有半年。半年以后，我们就想办法说服我婆婆去西班牙。因为我儿子还在那儿呀，我的家还在那儿呀，放不下的。那一次就带我婆婆过去，她还是不愿意住。到的第一天，就吵着和我说要回台湾。总之熬了三个月吧，实在是熬不住了，我们就说，"好吧，另作打算，回台湾"。那这样呢，实际上我们是把西班牙那个家丢掉了，就陪我婆婆回到台湾。

回到了台湾，也有机会能够在东海大学教书。教了一段时间以后呢，他也挺不习惯的。主要是我先生在台湾没有一个相对安静的、固定的工作室让他能专心进行创作。后来，我们老大被西班牙的公司派遣到上海工作，我儿子就和我说，"妈，你为什么不和爸到上海来住啊，这边也蛮好的啊"，我就说可以啊。但我说可以不是说要去和他们住在一块儿。我们夫妻俩是比较自我的,和儿女住在一起觉得彼此都会拘束,何况我先生还需要画画,它需要一个比较适合创作的空间。所以因为这样一些原因,我们就来上海找了这个工作室,一边生活我先生一边画画。就是台湾地区、上海两边跑,一年大概一半时间在上海,一半时间在台湾。大儿子、孙子、孙女都在上海,也方便去看看他们。我觉得这样最好,住得很近但不住在一起。就是比较想念我在西班牙的二儿子,虽然他也来过上海两三次,但毕竟是一个牵挂。

刘 环境换来换去,梁老师画画,那您干什么呢?

欧 那我就是看看书啦、上上网啊。原本我个人最爱的就是搞搞园艺,因为我在西班牙家里前后都有院子,要么就是养养宠物。但由于生活的不定性,最后这些嗜好都没了。回台湾之前,正好我养了13年的一只狗死了,不然又会多一个牵挂在西班牙。它在我去之前走了,我也就彻底放下心了,不然的话就会很牵挂它。这也是我的一种损失吧。

刘 一些爱好的失去,会遗憾吗?

欧 遗憾什么呢?

刘 就是为了先生的事业而牺牲了自己的兴趣爱好啊。

欧 换句话说,他的事业也就是我的吧,对不对?夫妻俩是一个共同体。所以我有空也会去帮他整理整理一些文字的东西。觉得这样也挺好,重要的是两个人在一起。年纪大了更加觉得两个人在一起,互相都是一种依靠。

刘 您刚刚说梁老师是一个从来不庆祝纪念日的人,但是又很矛盾啊,因为给我的感觉,梁老师同时又是一个很浪漫的人。

欧 对,他很浪漫,但这要看在哪些方面了。你说真的在生活上面,他也会突然说今天我不画画了,我们出去游山玩水吧,这是另外一种方式,只是他不太注重形式罢了。

刘 他送过您花吗?

欧 让我想想,这还得想想。哈哈,应该没有吧。

刘 求婚也不浪漫吗?

欧 说实在话,我到现在都还在抱怨。我现在想想都觉得自己笨啊,他都没求婚我怎么就嫁给她了?!

刘 没有求婚?

欧 对啊,没有。后来我就很懊恼啊。尤其是看身边朋友,影视剧啊,求婚都搞得那么隆重,还得准备一个钻戒啊,单膝跪地啊什么的,我们没有哎!完全没有!所以我就觉得好亏啊。哈哈。因为你知道,我们两个在一起,自然而然就谈婚论嫁了,然后哪一天有空就把事给办了。好像很水到渠成,非他不嫁了,所以没有过求婚那个仪式。不过其实也无所谓,因为我和他处朋友时,两人都知道最后会走到结婚这一步的,所以也就这么办了。

刘 您后来和他提过么?梁老师怎么回应您的抱怨的?

欧 他就觉得过了都过了,反正我对你好就行了嘛。说到底也是因为我也不是一个浪漫的人,我也不是一个讲究形式的人。所以幸亏啊,不然得生多少气哦。他求婚,就是他问我哪天结婚,然后我回答他哪天结婚,哈哈。因为那个时候结婚,在西班牙嘛,所以是在教堂结婚,蛮麻烦的,要先去跟教堂申请。如果是教友的话,结婚前还要去上课的,神父还要跟你讲一些什么东西我不太懂;还要去做告解,就是说自己觉得做了什么天主教不允许的事,要在结婚前办告解。他就要先到神父那做告解,告诉神父做了哪些不对的事,神父呢就会说,"ok,原谅你了。回去念两遍《玫瑰经》",这样就好了。做完了呢,就是可以进教堂结婚了。

刘 你们的婚礼在哪里举办的呢?

欧 就在我住的那个修道院。爸爸妈妈都没有来参加我们的婚礼,但是台湾的家里面会有登报,然后他们请客吃饭,但新人是不在的。我们在西班牙结婚,我们小小地办了一个酒会,就在教堂旁边修女院里的那个餐厅,弄了一些吃的喝的,请了当时大使馆的大使们还有另外一些我们的朋友、同学等。既简单却也隆重。因为我们结婚的时候,在那个教堂里很神圣的,有108个修女为我们唱圣歌。

刘 一般人得不到这个待遇的,是吗?

欧 一般人应该不会有人为他们唱圣诗,顶多放些圣乐,就是风琴的那个声。你想哦,108个修女在圣坛,她们站立在铁栏杆内为我们唱圣歌。

刘 怎么会有这种优待呢?

欧 因为交情深嘛。一个是我住在修道院,另一个就是梁君午和她们交情很好,尤其是与修女院里两个女住持,关系非常好。所以那个教堂特地给我们这么一个优待,让我们接受这108个修女的祝福。在西班牙结婚是有弥撒这样一个程序的,一定要按弥撒这个程序来,所以我还有两个小花童帮我牵着那个婚纱走过长长的那个路。

还有个小故事。那个时候留学生也蛮可怜,结婚很多都是去租这个礼服的,因为买不起。但我的婚纱是他陪我去买的,还有另外一个长辈同行。本来我也想说租个礼服就行了嘛,但当时正好有一件礼服正在减价,也没人穿过。更巧的是,那个礼服还有点中式,领口那里有点像旗袍领,袖子是纱的。于是梁君午就说,我们就买了算了吧。然后就买下了,再按我自己的身材稍微改动了一下。所以我还有自己的结婚婚纱哦。这个婚纱在我结完婚以后,就给了我妹妹。我弟弟和妹妹后来都在美国留学,都在美国结的婚。所以这个婚纱先是我弟媳穿,穿完以后又给我妹妹穿。所以我那件婚纱真是穿回本了,但我觉得蛮好的,是幸福的传递,你说对么?所以我是说我的婚礼简单却隆重。

刘 梁老师有没有送师母什么结婚礼物啊?或者定情信物?

欧 订婚就是送了个钻戒嘛。因为我们在台湾定的婚,所以我婆婆就说要送个钻戒什么的。结婚么在台湾是一人有一个白金戒指的,到了西班牙就用了那个戒指结婚了。但那个戒指最后我们两个都丢了。所以你现在看,我们两人都没戴结婚戒指。从这里你应该能看出来,我们两个都是不注重形式的,无所谓。我们两个在这方面个性还是很像的。

刘 您与梁老师在这方面高度一致,如果只有一方……?

欧 那就去搞个戒指戴上呗,这又没什么。所以我也不会觉得会有任何遗憾。

刘 您与梁老师结婚以后,梁老师有了新的身份就是丈夫和父亲。您觉得梁老师作为丈夫、父亲又是怎么样的呢?

欧 说实话,他是一个蛮好的父亲,经常陪小孩子们玩耍、踢球等。欧洲踢球很重要的,父子几个会一起看球,骂啊闹啊。家里院子里也装了一个篮球架,所以他们也会一起打篮球。偶尔他们也还会打羽毛球。我有两个儿子,父亲的责任不就是陪男孩子们玩么。功课方面呢,因为他以前学的是理工科,成绩也很好,所以孩子们如果有数学、工科这方面的问题,他也都能教。所以就蛮好的。

刘 有没有考虑过把两个儿子往艺术方向上培养呢?像梁老师一样?

欧 有想过,其实他们两个小时候很喜欢画画的。教是没有刻意去教,他们想画就画;至于培养他们走上他们爸爸的艺术之路,是没有鼓励或迫使他们这样去做的。一来,我觉得这是蛮辛苦的一条路,何况前提还是要有天分的;二来,如果没有天分,你还要迫使孩子去做他不擅长的事,那他会很辛苦的对不对。所以我们的培养方式就是比较放任他们的,喜欢怎么样就怎么样。小时候他们喜欢画画,也画得蛮好，后来长大了，兴趣多了，两个孩子就各有其他喜欢的兴趣了。钢琴，两个人都学，但老大学得更有兴趣；功夫，男孩子我觉得要把身体练好，所以当时我们那有一个上海来的武术冠军，我和梁君午就把他请到家里来教孩子们功夫，帮他们锻炼锻炼身体。差不多学了两三年，后来孩子们就抗议了。他们抗议说杂事太多，功课应付不了，不能钢琴也学功夫也学。我说那好，你们自己决定。最后，老大选钢琴，小的选功夫。两个儿子个性也正好是一动一静，都学了蛮久，直到后来功课实在太紧了才放弃的。两个人程度都还不错。

刘 您与梁老师对两个孩子的兴趣都是鼓励的吗？有没有不允许他们做什么？

欧 不限制他们，都是鼓励的。但是也有个条件，书要念好。没有规定他们要考前几名，但至少要在中上。每个人的天资不同，所以你也不能规定孩子一定要怎么样，但能做好的就要做好，所以至少要在中等以上你说对吧。至于将来，他们要做什么，我们是不会去规定和限制他们的，随他们的兴趣。

刘 梁老师觉得孩子们没有继承他的事业，可惜吗？

欧 当然啦。他肯定惋惜啊。他也说过，如果两个儿子走这条路，他有多少东西可以教给他们，所以现在他把这种期盼放在孙子孙女身上，哈哈。每天都会让他们看画画，然后教。我就说孩子还太小了嘛，一个五岁、一个才两岁。有的时候在家里面，他就会拿起笔让他们画，然后他亲自教。当然了，那么小能画什么哦，就是涂涂颜色之类的。但是只是期望啦，我和他都是顺其自然的态度。

刘 您在没有认识梁老师之前，对艺术有涉猎吗？

欧 少许吧，也蛮喜欢的。他学画的时候我知道的其实也不少，对绘画挺有兴趣的。所以我那次跟你讲，没见过人先认识画，就是因为对他的画有印象，所以也有加分哦。

刘 您和梁老师结婚以后，或者之前，有没有想过自己也钻研一下艺术？

欧 曾经有画过，但是很少。可能我也觉得自己耐心不够，然后杂事也很多，不能画两笔就去做饭吧。所以想过，但是没有去真的坚持下去。

刘 梁老师是如何评价您的画的？

欧 他说还可以啊。但是你晓得家里面要两个人都是画画的，那肯定在艺术理念上会产生争执，所以后来我就也没画了。

刘 您认为梁老师这个丈夫的角色扮演得如何呢？

欧 说实话，没得挑。梁君午真的是一个很好的丈夫。除了家事他比较懒散一点外,其他方面他该做的都能做到。比方说,一般丈夫最讨厌的就是陪太太逛街,他,完全不会!他喜欢陪我逛街,而且买衣服的时候还会帮我挑,然后我进去试的时候他会拿他挑的衣服和我说这个你也试下,那个你也试下。在这些方面,他是很有耐心的一个人,完全没得挑剔的。

刘 他会通过自己对美的感知来帮您选择衣服?

欧 当然,当然。但是这个东西他有他的观点,我也有我的观点,我不一定完全接受,那他也完全尊重我的意见。非常有耐心。

刘 您可以说是经历了梁老师艺术创作全过程的人,此间,您印象里梁老师有没有遇到过创作的瓶颈或者说挫折之类的?

欧 瓶颈当然是有,比如他刚起步的时候,学校毕了业了(最初开始工作的)那段时间。在那段时间里,他总想找到一条自己的路子,所以各种画风、派别尝试了蛮多。人呢,总归会是受一点环境的影响吧,就是在台湾地区那段时间,又要教书然后杂事也多,所以他心情也比较浮躁。但重回西班牙以后,真的是安安心心一直待在家里作画了。也是在那个时候,我觉得他开始找到一点自己的路子了——在写实的风格中独辟蹊径又加了一点自己的东西。那要说很大很大的瓶颈,那种过不去的,倒不至于,就还好。

刘 过渡的过程都是很自然的?

欧 对,慢慢、慢慢有一种改变。从一个风格到另一个风格不是很突然的,它是渐进式的。

刘 梁老师在之前的采访里也谈到,他把自己的艺术生涯归为是比较平顺的,比较幸运的,您是怎么看待他所说的幸运?

欧 表面上看的确是很幸运的。一个艺术创作者能够以他的作品为生,这本身就已经是很大的幸运了。但坎坎坷坷肯定是会有的,很多事情不是说就能一气呵成,顺顺当当的,也会有麻烦,它到某个时候就会显现出来。可这是人生常态,所以说总体说起来算是好的,是还可以。

刘 有没有觉得梁老师在某个阶段可能特别地被幸运之神眷顾呢?

欧 那我也不觉得。我觉得他的事情大多都是水到渠成,自然而然的一个结果。好像也没有过那种让我们觉得天上掉了馅饼的那种惊喜,好像就很自然地到了今天。只是要说的话,就是有些事情是我们自己好像也没想到的。比如来到上海,在上海开了工作室,现在又来到苏州大学,这些事情也许在几年前是想都没有想到过的。所以我不是一直在说人生是不可规划的么,最好的就是顺其自然。不见得要做多少详尽的规划,因为有时候你真的计划好了,也不一定就完全按你的计划来,对不对。所以人生到了某个转折点,你就做个决定吧,可能这个决定真的会改变你未来人生方向。

刘 决定来苏州大学,这背后的契机是什么呢?

欧 这个事情其实也是很自然的。梁君午年轻的时候不喜欢教书,因为当时觉得教书是很耗时间的,他还是更想把时间花在创作上。但随着人年纪渐渐长了,想法是会改变的。就是觉得时日不多了,肯定想要在这个世界上留下一些好的作品,至少对自己有个交代;其次就是最好能将这四十年来不光是西班牙留学期间学到的东西,还有这四十年绘画的经验以及其他一些人生经验,传承给年轻的一代,其实这些经验是蛮珍贵的。他教书倒不是连续性的,最早是在嘉丽大学做过客座教授,后来过了几年有了那么一个机会就去到台湾的东海大学讲学,这一次到苏州大学,也是因为朋友的关系。认识了田校长以后,我们夫妻两人都能感觉到田校长的诚意。作为一个办教育的学者,田校长非常热情也非常有远见,并且,梁君午就觉得田校长对他有知遇之恩。那很好,我们就决定来苏州大学了。其实他自己几次教书下来也觉得不错,这样的教学一来不完全影响自己的创作,二来有机会能和年轻人多接触接触,对他自己也有很大的好处,很快乐。

  我们在他教书期间都觉得蛮愉快的,而且我们和学生感情又非常的好。我说个故事给你们。他四十年以前在台湾的淡江大学教书期间有一批学生,当时也教了没多久,才一年半吧,后来我们就重回西班牙去了。可是近几年无意中得知这些学生在找他。很多年过去了,当年的学生差不多都已经六十多了,你想想看,那种重遇的感觉真的非常非常地好,就好像多年以前播下的种子如今能够亲眼见证它的开花结果。当年他教书教的不是专业课,是选修课,所以他的学生很多都不是艺术专业的学生。但这么多年过去,当年的这一批选修他课的学生,都六十多了,有的甚至已经退休了,可是他们都没有放弃的一件事情,就是画画。这是让我们很惊讶的,也很感动。当然他们是当作一种业余爱好在画的,每个人也都在自己不同的领域,画的也是不同的风格。可是不管怎么说,这都是一件非常棒的事情,能够让你在退休以后还有事做。所以当他们听到梁君午回来了,就一起找过来说,"老师啊,您可算回来了,您知道当年您对我们影响有多大么",我也很惊讶他们竟然一直坚持在画画。他们其中也有人把画拿给老师看,也有人甚至办过画展,这都让我们觉得很欣慰。所以教书其实真的是一件蛮有意义的事情。

刘　您提到您和梁老师是因为朋友的关系来到苏州大学,我想知道"朋友"这个字眼对您和梁老师意味着什么呢?

欧　朋友是我们的财富,尤其是交到知心朋友。我觉得这很重要,朋友可以丰富你的生活,可以开拓你的视野,甚至在当你遇到麻烦的时候他伸手能够帮助你。所以我觉得,朋友这个东西真的是一个人一辈子的财富。你也知道我和梁君午离开台湾地区、离开家很多年了,他没有兄弟姐妹,而我的兄弟姐妹又都四散在世界各地。事实上,我们两个和自己亲人相处的时间还远不如和朋友相处的时间多,所以就觉得朋友真的很重要。尤其是遇到知心朋友,那真的甚至可以相比父母亲和兄弟姐妹了,或者比他们来的更重要。所以我们很幸运。

刘　梁老师在艺术创作圈里的朋友,有没有令您印象深刻的呢?

欧　你说画家朋友吧,是有一些,也都很谈得来的,但都在西班牙。因为他这一生四十年都是在西班牙,所以画家朋友基本上都在那里,而且也是外国人居多。

刘　梁老师对待艺术领域的朋友,比如说在涉及艺术观探讨的时候,他的态度是开放的么?

欧　对。画家其实很多都不容易交到朋友的,因为画家之间都可能互相会有成见。也许是因为个人主义,也许是因为同行相嫉,都有可能吧。但他有蛮多艺术圈内的朋友的,也有一些没有办法交朋友的。但是交到的朋友那真的是非常好的朋友,彼此之间可以相互交流、沟通,就是说尽管他们之间画的是不一样的东西,可是没有关系啊。我们在西班牙的时候,很多西班牙的画家或者学校里的一些学生,常常会拿画来我们家然后他们一起讨论交流。倒不是说跟他讨教,年轻人倒是可以教给他们一些经验,那同辈之间更多的是一种交流,也蛮好的。那批评什么的,能接受就接受,不能接受也没关系。

刘　您与梁老师相伴四十多年,您眼中的梁老师工作时候的状态是怎么样子的?

欧　他一工作就是六亲不认,他很投入,什么都忘了。水也不喝,你必须倒杯水跟他说该喝水了,拿到他面前他才会喝一口;吃饭也不记得,叫了半天,菜都弄好了他也不来,他说他停不下来。我不懂哎,也许真的是停不下来吧。所以就是完全忘我的。

刘　您有给梁老师的画作提出过意见吗?

欧　有啊,常常有。

刘 那梁老师是怎么对待您提出的意见的呢？

欧 有的时候他会问，你觉得怎么样，那我就直说啊，喜欢或不喜欢，哪里喜欢或哪里不喜欢。有时候他会接受，可是多半时候也不接受。听过我的意见，他会想，想过以后接受他就动笔改，不接受也很正常。个人想法不同，争执是不会有的啦。

刘 梁老师在您心中是不是最好的画家？No.1？

欧 应该是吧。但这种看法是很主观的，我是觉得他真的画得蛮好的，但要说有个客观的排行榜，那没有哎。艺术史上这么几百年下来，好的艺术家还是很多的，每个人的欣赏能力都不同。所以我可以说他是这些好画家中的一个，但是排名不敢讲一定说是No.1。那我是喜欢的，在我心中是最好的，可别人怎么看又是另外一回事儿了。

刘 您会选择什么样的三个形容词来形容您心中的梁君午？

欧 第一个词我能想到的就是真。因为他不管是对家人、对朋友、对他自己的画，他都是很真的一个态度。这个真就是说蛮纯真的，蛮认真的。第二个词就是执着。他曾经说他不会轻易或随随便便放弃任何朋友也好、学生也好。比如说有时候他带学生，别人都说这个小孩没天分不用这样教，他就说不。他就觉得天分是要看方面的，只要有一点可以值得让他往这条路上走，就一定得教，一定得救。所以我觉得他蛮执着的。他认为人都有很多方面，从不轻易否定他人，这一点真的是。再比如说他自己，也有画得很不满意的时候，但他绝对不会像有的画家那样去撕画、破坏画等，他不会，他不放弃。他的方法就是把这幅不满意的画作先从画架上拿下来，然后过一段时间再摆上去，回头看看能不能救，能不能改得更好。他对生活的态度也是这个样子。

第三个词就是随性吧。就拿交朋友来说，有时候你不能太过于要求，太刻意，要随缘、随性；拿生活态度说也是一样。人都会碰到挫折，要学会看开啊，这就是随性。做事情也是一样，难免会有不顺，不顺就学会放下，这也是随性。所以我觉得这个词也蛮符合他的。而且我觉得这也是人生该有的态度，就是这个样子，不能太过于要求什么东西。

刘 有这么一个成功的画家做老公，是怎么样的一种感觉？

欧 我的感觉是很幸福的。很多人觉得画家是一种很奇怪的动物，会用怪异而疯狂这些形容词去形容画家。但我觉得梁君午他是一个蛮正常的人，所以说谈不上成功，因为在我看来他就是一个很普通的人。世界上真正可以称得上成功的人或事不多,而我们只是一对平凡的夫妻,做着平凡的事情,只是说,要将自己的分内事做好。这一点我觉得他也确实做到了,我也感到很幸福。

　　从事绘画这个行业不是每个人都可以做到的,除了天分之外还需要别的很多东西的付出,要执着。所以我觉得我们能够生活在这种艺术的氛围中是很幸福的。他的艺术人生也很顺当,能将自己的爱好作为自己的事业奋斗一生,很少人能有这种幸运;我们的家庭生活也很圆满,两个儿子很优秀,孙子孙女都很可爱。所以简言之,就是幸福吧。

附录

无尽的绚烂
(纪录片脚本)

【解说词】
在画笔、指间与油彩的互动中,女性皮肤的质感渐渐地从画布上显现出来。沉浸于作画的这位精神矍铄的老人,是著名西班牙华裔画家梁君午先生。

【解说词】
1942年的端午节,梁君午出生于四川成都。七岁时,随父母移居台湾地区。梁君午从小就酷爱画画,缤纷的色彩和画笔在那个匮乏的年代为他平添了不少乐趣。

【梁君午同期声】
绘画还不是说兴趣,我觉得不是兴趣,已经变成一种hobby、一种嗜好。兴趣的话还是有空就画一画,我是只要有空闲,抓到任何一张纸,我就画。

【解说词】
12岁那年,梁君午获得了世界青少年儿童绘画比赛的银牌。然而,他并没有走上专业绘画的道路,而是遵从父母的愿望,考入台北科技大学纺织化学工程科。毕业后,梁君午进入部队服役,被分派服务肯特勒将军。一有空闲时间,他就临摹当时的世界名画月历,并乐在其中。

【解说词】
但是,年轻的梁君午并没有想过要做一个画家。开启他绘画生涯的第一位贵人,竟然是蒋经国先生。

【解说词】
1965年的圣诞节,梁君午将他临摹的《蒙娜丽莎》赠给了肯特勒将军。没想到肯特勒爱不释手,竟把它悬挂在自家的壁炉上方。在一次家庭酒会上,受邀参加的蒋经国看到这幅画,以为是来自法国巴黎的复制品,当场赞不绝口。但当得知这是出自军中的一个副排长之手后,蒋经国记住了梁君午这个名字。

【解说词】

两年后的一个冬夜,已经退伍当上了工程师的梁君午,突然接到父亲的电话,要他赶快回家。原来,蒋经国经过多次辗转,终于联系上了梁君午的父亲,提出要面见他们父子。

【梁君午同期声】

我记得非常清楚,他就问我父亲说,梁将军,我想培养你的公子到欧洲去学画,不晓得你有没有什么意见?然后我记得我父亲就把脚一并,然后做了一个举手礼,报告,这是我们梁家的荣幸。

【解说词】

于是,梁君午做了他人生中最重要的一个决定——留学深造。临行前,梁君午将自己临摹的法国名画《灯下读书的少女》赠予蒋经国,以表达知遇之恩。这幅画又被蒋经国转赠给宋美龄作为生日礼物。后来,宋美龄将这幅画一直悬挂于她与蒋介石在台湾的居所内。年轻的梁君午没有想到,这幅早年的临摹之作会成为宋美龄一生最爱的一幅画。更让他没有想到的是,远赴西班牙求学,竟成了他人生的重要转折。

【解说词】

1968年,梁君午考上了西班牙圣法南度高级艺术学院,也就是后来的马德里皇家艺术学院,成为第一个一次性考上该院校的中国学生。在这所留下了戈雅、达利、毕加索等世界著名画家足迹的学院里,梁君午勤奋地学习素描、油画、雕塑、版画等,并很快崭露头角。

【解说词】

就在梁君午踌躇满志时,他人生中另一个重要人物的引导,给他提示了通往绘画艺术新境界的方向。一天,梁君午完成了一幅石膏像画,觉得自己的作品已经非常完美,就请学院的首席讲座教授彼得罗·莫索斯检查指教。没想到,莫索斯先生拿起抹布,在他的画作上轻轻弹了几下。

【梁君午同期声】

然后他说,不要忘记你是中国人,中国人最讲究的意境,去找到它。我那时候马上就愣下来了,哦,老师原来还没有忘记我是一个中国人。既然他要我去找意境,我就开始去研究他到底要我找什么。

【解说词】

从那以后,梁君午开始正视自己的中国人身份,并在绘画的过程中不断思考,尝试从素描写生转向追求意象观念的提升。

【解说词】

这幅《穿白纱的少女》,身着白纱衣裙的背影掩映于灰黑的背景之中,色彩映衬中透着空灵的意蕴,仿佛从梦里走来,又像凝望着一个远去的梦,纱裙丝丝缕缕的质地清晰毕现,在朦胧与清晰的变奏中,纯粹得有些忧伤的调子升腾于画面,萦绕不绝。这,就是梁君午经过莫索斯点拨后所悟到的意境。

【梁君午同期声】

我就开始去研究他到底要我找什么,我才晓得就是,在对立的状况下先讲究一种和谐,和谐之后再讲究一种分割。所以就是在我课堂上讲的"你心中有我,我心中有你,最后你还是你,我还是我"。这句话就从那个时候深深进入我的脑海里。

【解说词】

对意境的领悟,让梁君午能够将西方的素材与东方的灵魂相融合,开始形成自己的绘画特色。

【梁君午同期声】

这种融合使我的画具象也抽象。不是一半一半,半抽半具。而是套用数学中的乘法,既抽也具。

【解说词】

西班牙画家戈雅曾担任过圣法南度高级艺术学院的校长,他开创的西班牙绘画艺术风格,经由后来的达利、毕加索等,不断传承光大,也熏陶了来自东方国度的梁君午。梁君午很喜欢戈雅替当时的西班牙国王——卡洛斯四世画的全家福。戈雅把皇后画在正中间,皇帝画在旁边,所有皇子的相貌都与画面角落的皇后情夫长得一模一样,意在影射他们都是皇后和他情夫的私生子。

【梁君午同期声】

我很喜欢他的画,第一个他画人物充满了批判性。就是说,他用一种间接的方法做一种讽刺性的批判。

【解说词】

另一位西班牙艺术大师格列柯也备受梁君午喜爱。

【梁君午同期声】

他的绘画观念与中国常说的天人合一非常类似,但又有些许不同。中国人说的天人合一是讲述人与大自然的关系,他信奉的是上帝与信徒之间的天人关系。

【解说词】

格列柯的《剥去基督的外衣》,先用灰色打底,人物造型完成后再用紫红、绿、蓝、黄等色彩着色。这启发了梁君午对色彩表达的领悟。

【解说词】

从此,梁君午作画常常以不同灰色的纸作为基础,在中性的色彩中起白,然后把亮点加进去,偶尔再补上暗影。

【梁君午同期声】

有一句话一直刻在我脑里、心里,那就是,绘画是一种对灰色的探讨。

【解说词】

在西班牙期间,梁君午并未满足于学院里的学习,而开始用双脚去丈量更为广博的艺术天地,欧洲各国的美术馆中都留下了这位年轻人好学的身影。大学还未毕业,梁君午已经成为同学中的佼佼者,他的人体素描作业被学校收藏,并作为教学教材的范例。他的画作甚至还走出了校园,受到马德里最古老的马卡龙画廊老板的青睐。画廊老板为梁君午举办了第一次个人画展,结果广受好评,多幅作品被收藏,画廊老板还将这位中国年轻人的照片挂在画廊的照片墙上。

【梁君午同期声】

后来,他把他办公室后面打开,墙壁上有上百张照片是这几十年来——接近百年历史,所有他们认为是大师的照片,全在上面,我有这张照片,那里面当然包括毕加索他们这些大师,还有西班牙历史上很多国际上的大师。所以那次对我来讲,是一个最大的鼓舞!

【解说词】

1974年,在圣法南度高级艺术学院求学6年后,梁君午以最高成绩毕业。学成归来的梁君午回到台湾地区,开始一边从事艺术教育,一边进行历史题材的创作。但两年以后,梁君午又重返西班牙,开始了他作为职业画家的人生航程。

【解说词】

1978 年，梁君午凭借这幅碳精人体速写，一举获得马德里艺术学会素描首奖，画风中透露出他正在从形象写生向意象审美的重要转变。这种转变让他的作品开始得到更加广泛的认可。

【解说词】

一个冬天的晚上，梁君午带着两幅作品来到当时西班牙艺坛三大画廊之一的克莱斯勒画廊。尽管梁君午的画被摆在很不起眼的位置，但是，马上就有一张画被人收藏。画廊的老板觉得展览效果不错，就正式邀请梁君午参加国际画廊的正式联展。

【梁君午同期声】

我与这个画廊合作了 17 年，17 年！这个画廊对我在西班牙前半段的艺术生涯非常重要。我和 Kreisler 画廊的关系就是有碰撞，也有摩擦，可是也有欢聚一堂的时候。就是我们的原则都是看在艺术的立场上，互退一步，互相尊重。也是因此，才有了这 17 年美好的时光。

【解说词】

从 1978 年到 2008 年的三十年间，梁君午在欧洲、美洲、亚洲各地举办了不下三十次展览。他始终在融合中坚守着和谐之美的方向，形成了自己独特的创作风格。

【梁君午同期声】

我是历经好几个时期最后差不多一直到 50 岁的时候，我的画里面才有一种我自己的个性，自己的本性、特色、风格出来。这种风格就是所谓技巧与思维，感性与理性的结合，在我看来这至关重要。

【解说词】

西班牙作家卡米洛·何西·塞拉是梁君午的知音，这位诺贝尔文学奖得主这样评价梁君午的绘画："梁君午用濡染着光和影的鸟的羽毛，素描、绘画和思考，用他东方的原乡最柔和纤细，也是最坚定的色调作画，如此奥秘，如此深沉。"

【解说词】

塞拉所说的奥秘，除了色彩的独特运用，或许还在于梁君午对想象空间的营造。留白，这一东方艺术的理念，在梁君午的女体油画题材创作中体现得淋漓尽致。他将白分为三个层次：一是物理性的白色，二是对空间和平衡的表达；第三种,则是一种梁君午所说的"破坏"。

【梁君午同期声】

这种"破坏"带来了律动,带来了生命的气息。它不是刻意经营的,完全归结于空间的处理,是非理性也非感性的,它是一种完全的直觉。

【解说词】

这幅取名为《木》的画作,从蓝色向上过渡到绿色,最后落在一位女子的身上。水嫩的肌肤,充满了青春的活力,又带着一点意兴阑珊的慵懒。春天的生机和女子的遐思,启迪着体味与感悟,延展着想象的世界。

【解说词】

历经几十年岁月的探索和淬炼,梁君午确立了自己作为艺术巨匠的地位,他的名字也以"20世纪当代画家"的身份被收录进《西班牙艺术词典》。

【梁君午同期声】

时光荏苒,我觉得我最后该做的事就是,一方面将我的经验诉诸我的画笔上,另一方面用我不太好的口才尽量将这种经验传承下去。

【解说词】

2008年,带着收录了四十年作品精粹的画集《华裔油画家梁君午》,他和妻子搭上飞往中国大陆的航班。2014年3月,梁君午应邀进入百年学府苏州大学,成为一名特聘教授。他要在这里用手中的画笔继续美的创造,同时肩负起艺术传承与教育的责任。

【梁君午同期声】

我觉得教育不单单是一个所谓理性的教育,它更应该是感性的。所谓感性即重视培养一个学生的生活态度、为人处世、个人修养,等等。当然才华技能这种理性的教育要和这种感性的教育并驾齐驱,但仅仅是知识的传授是不够的。所以我认为感性教育、人格教育更重要。

【解说词】

苏州大学艺术学院的课堂上,梁君午耐心的讲解和示范,引导着年轻学子对绘画的探索、对艺术真谛的领悟。画笔起落之间,是色彩与光影的舞蹈,是生命与艺术的对话,它们共同折射出梁君午艺术世界里无尽的绚烂。

梁君午年表

1942年
　　生于四川成都。
1949年
　　随父移居中国台湾地区台北市。
1950年
　　就读于中国台湾地区大同"国小"。
1954年
　　台湾师大附中实验班。
1954年
　　参加世界青少年儿童绘画比赛,获得银牌。
1964年
　　毕业于台湾省立台北工业专科学校纺织染化系。
1967年
　　获西班牙国家奖学金及"救国团"奖助,赴西班牙马德里习画。进入马德里艺术工艺学校,专攻石膏素描。
1968年
　　通过考试,进入西班牙马德里圣法南度高级艺术学院(EscuelaSuperiordeBellasArtesdeSanFernandodeMadrid)。师从西班牙世界著名画家AntonioLópez和PedroMozos等人。
1971年
　　举行第一次个展于Macarron画廊,马德里,西班牙。

1973 年

以"荣誉注册"的最高成绩毕业于圣法南度高级艺术学院。获国家教授资格文凭,作品学校收藏,并作为教学参考教材。

举行个展于 GrifeyEscoda 画廊,巴塞罗纳,西班牙。

获巴塞罗纳国际海报设计荣誉奖。

1974 年

任教于台湾地区淡江大学西班牙文学系暨建筑系。

参加中国台湾、韩国、日本亚细亚美展。

1975 年

举行个展于台北"国立"历史博物馆。

1977 年

举行个展于 Betica 画廊,马德里,西班牙。

1978 年

获马德里艺术学会素描首奖。

参加马德里 Kreisler 画廊 "Figuracion78" 联展。

1979 年

应邀参加巴塞罗纳 Kreisler 画廊开幕"当代人体绘画大师"联展。

1980 年

举行个展于马德里 Kreisler 画廊。

1981 年

举行个展于巴塞罗纳 Kreisler 画廊。

获得西班牙马德里 Complutense 大学艺术学院硕士国家文凭。

参加马德里市商会国际绘画比赛,获评审奖。

1983 年

举行个展于台湾地区台北阿波罗画廊。

1984 年

参加台北市立美术馆开馆"海外百位名家特展"。

1985 年

参加 Alfama 画廊素描大展,马德里,西班牙。

举行个展于 Kreisler 画廊,巴塞隆纳,西班牙。

1986 年

  举行个展于 Kreisler 画廊,马德里,西班牙。

  参加瑞士 Basel 国际艺术展,Multiple.4.17 画廊,西班牙。

1987 年

  参加西班牙 Valencia 第一届国际美展 Sala Braulio。

1988 年

  举行个展于 Kreisler 画廊,马德里,西班牙。

  参加西班牙 Valencia 第二届国际美展 Sala Braulio。

1989 年

  代表意大利 Spezia Valladi 画廊,参加第一届巴塞罗纳国际艺术展（B.I.A.F）。

  举行个展于 Los Angeles,加州,美国。加州州务卿亲颁加州国玺荣誉公民证书。

  应西班牙国际观光组织之邀,为国际观光组织绘制"观光是和平的象征",并获颁受该组织荣誉奖牌。

1990 年

  西班牙皇家画院美术馆正式收藏作品。获西班牙国王璜·卡洛斯一世（Juan CarlosI）在马德里 Zazuela 皇宫觐见的殊荣。

  举行个展于 Van Dyck 画廊,Gijon,及 Sala Braulio 画廊,Castellon,西班牙。

1991 年

  应奥林匹亚基金会之邀请,举行个展于台湾地区台北市立美术馆湾。

  举行中南美洲巡回展,于阿根廷布宜诺斯艾利斯文化中心、巴拉圭亚松森文化中心、智利圣地亚哥文化中心、哥斯达黎加圣约瑟博物馆、危地马拉国立现代美术馆等。

1992 年

  举行个展于 Kreiser 画廊,马德里,西班牙。

  参加台湾地区台中国际画廊博览会。

1993 年

  举行个展于 Sala Brualio 画廊,Castellon,西班牙。

参加于美国迈阿密 Kriesle 画廊"西班牙六绘画大师"特展（Six Spanish Masters Collective）。

1994 年

应奥林匹亚基金会之邀请并陪同西班牙诺贝尔文学奖得主 Camilo Jose Cela 夫妇访问台湾地区。

举行个展于台北新光三越，由 Esquite 画廊主办。

参加香港国际艺术节（ART ASIA HongKong）。

1995 年

应邀参加西班牙毕尔包水彩协会五十周年庆国际邀请展。

举行个展于 Kreisler 画廊，迈阿密，佛罗里达州，美国。

参加圣法南度艺术家九人展，Pamplona，西班牙。

1996 年

参加 Sala Braulio 二十五周年特展，Castellon，西班牙。

1997 年

参加"美国艺术展"（Art America），迈阿密，佛罗里达州，美国。

参加"人体绘画大师"联展，Duran 画廊，马德里，西班牙。

参加台北市立美术馆"台北纽约巴黎马德里十四人联展"。

1998 年

参加 Las Olas Arts 画廊联展，Fort Lauderdale 佛罗里达，美国。

2000 年

参加西班牙 Sevilla 国际艺术展览会。

2001 年

举行个展于 Sokoa 画廊，马德里，西班牙。

2002 年

举行个展于 Sala Braulio 画廊，Castellon，西班牙，获颁授 2002 年度最佳画家奖牌。

2003 年

应聘为台湾地区嘉义大学视觉艺术研究所暨美术系客座教授。台湾地区 IFU-MA 画会，嘉义铁道艺术村当代艺术策展人。台湾地区东海大学，静宜大学艺术论坛主讲人。

2004 年

举行个展于 So Koa 画廊,马德里,西班牙。

2005 年

参加马德里 Galeria So Koa "诗中有画,画中有诗" 特展。

应邀为马德里大学文学院担任艺术论坛主讲人。

2006 年

参加 So Koa 画廊三十周年庆特展,马德里,西班牙。

2007 年

举行个展于 So Koa 画廊,马德里,西班牙。

2008 年

回中国大陆工作,上海开设画室。

2009 年

第四届香港 AIAA 国际展,私人收藏馆。

2010 年

《华裔油画家梁君午》出版,主编赵锦剑,吉林美术出版社。

参加光华百年——世界华人庆世博美术大展,上海美术馆,中国。

2011 年

参加上海春季艺术沙龙,上海,中国。

纪念四川汶川大地震三周年,大型油画作品"手"捐赠四川都江堰新建图书馆。

举办"留白——未尽的灿烂"个展,台湾地区东海大学艺术中心。

举办"留白——未尽的灿烂"个展,台湾地区文创发展基金会展厅。

2012 年

担任台湾地区东海大学视觉创意艺术学院讲座教授。

2013 年

参加上海城市艺术博览会。

"写 · 意——具、抽、隐性、显性的对话"素描展,台湾地区文创发展基金会。

2014 年

担任苏州大学艺术学院讲座教授。

参考文献

著作

赵锦剑.华裔油画家梁君午[M].长春:吉林美术出版社,2010.
梁君午.梁君午作品集——梦幻世界.台北:老爷画廊,1994.

期刊文章

张淑英.梁君午绘画、生活的"空"与"盈"——归乡 · 留白 · 三部曲[M].典藏投资,2012.

后　记

去年年底的一个夜晚,接到恩师马中红教授的电话——"有一项很有意思也很有意义的事情,不知道你有没有兴趣"。顿时,兴奋和喜悦感涌上心头,睡意散尽。我就要加入《东吴名家艺术家系列丛书》的工作,这个系列由马中红教授担纲的苏州大学新媒介与青年文化研究中心团队来承担。

我自小就十分喜爱艺术,在硕士和博士阶段对音乐和文艺等方面有过探究。所以,当我得知有机会能采访梁君午这位著名的华裔油画家时,难掩欣喜之情,我觉得自己和艺术的缘分一直在继续。梁君午先生是当代享誉世界的绘画大师,能够走进他的艺术世界,了解他的魅力人生,从他身上学习艺术知识,对我来说是千载难逢的机遇。

整个一月到三月,我和我的伙伴们做了大量的资料收集、整理工作,制定了采访提纲,将访谈前的准备工作完成。

我和我的小组对梁君午先生和其友人进行了11次会面和拍摄,分别于3月20日、27日采访了梁老师为苏州大学艺术学院的学生授课,并在艺术学院2203室对其做了深入访谈;4月19日和5月9日,我们两度赴沪,在梁老师的工作室里实地欣赏他的画作,并分四个时段对他和妻子欧阳湘进行采访;对梁老师友人的采访,我们有幸获得马启明先生的支持和帮助,4月29日,在苏州中茵皇冠假日酒店的贵宾会议室里,我们访问了史文小姐和马先生,也对梁老师做了补访。在梁老师离开苏州后,我还多次打扰,通过邮件和电话等方式对他和他的其他友人进行了补访、细节的确认以及有疑惑之处的追问。

整个工作得以完成,需要特别感谢我的小组成员俞欢、杨菁、陈德月等,她们不仅协助我进行了全部的采访活动,而且后来还进行了补充采访、完善文稿和脚本的工作。还要感谢其他同仁,包括鲍鲳、顾亦周、姜红。虽然采访对象的艺术专长不同、每位艺术家的个人经历也不同,但是我每次都能从其他几位主创同仁介绍他们的工作近况中吸取经验,包括高效的工作方法、智慧的提问技巧以及合理的进度安排等。七月到九月正式投入写作,是最忙碌的,也是收获最多的。特别要感谢的是马中红、陈霖、杜志红三位老师。作为策划总监,马老师在负责整个项目的策划执行、统筹和协调工作,她总是能合理安排工作进度,了解每个小组的工作情况,并给出最细心周到的帮助。在书稿写作和文字完善上,担任文字总监的陈霖教授给了我许多宝贵指导,提出切实的意见和建议;在纪录片拍摄和后期创作方面,担任视觉总监的杜志红副教授以专业的视角审视作品,一次次地修改纪录片脚本,对影像进行精益求精的改进。他们的悉心指教和全力帮助让我不敢对工作有丝毫放松。

苏州大学出版社的薛华强先生是这套丛书的直接负责人,他协助我们处理了全部的编务工作,为我们的创作提供了诸多帮助。本书还得到了江苏高校优势学科建设专项的支持,在此一并致谢。

这项任务的完成是我 2014 年的一份重要收获,在这份收获以外,我还感恩上天的另一份赐予。金秋十月,我和丈夫沈鸿昌迎来了生命中的天使——我们第一个宝宝的降临。她在我肚子里的时候,就开始与我们一同经历着从准备到采访、创作、再到修改完善的全过程。也许,这就是他与艺术结缘的开始。

刘浏
2014 年 10 月

主编　田晓明

田晓明，出生如皋，旅居苏州。心理学教授，任教于苏州大学，现任副校长。

副主编　马中红

马中红，江苏苏州人，苏州大学传播学教授，从事媒介文化、品牌传播研究。

副主编　陈　霖

陈霖，安徽宣城人，苏州大学新闻学教授，从事媒介文化与文学批评研究。